同孩子处好关系的 100 妙招

才永发　编著

金盾出版社

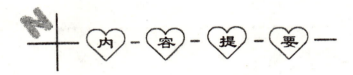

内-容-提-要

本书是专为家长怎样同孩子处好关系精心撰写的。内容包括：家长如何了解孩子、如何把握孩子的心理特点、怎样做才是爱孩子、怎样为孩子做榜样等。内容通俗易懂，情境分析深入细致。阅读此书可以帮助家长应对不良情绪，冷静处理问题，改善亲子关系，帮助孩子健康成长。

图书在版编目（CIP）数据

同孩子处好关系的 100 妙招/才永发编著. -- 北京：金盾出版社，2011.6
ISBN 978-7-5082-6911-5

Ⅰ.①同⋯　Ⅱ.①才⋯　Ⅲ.①儿童教育：家庭教育　Ⅳ.①G78

中国版本图书馆 CIP 数据核字（2011）第 044714 号

金盾出版社出版、总发行
北京太平路 5 号（地铁万寿路站往南）
邮政编码：100036　电话：68214039　83219215
传真：68276683　网址：www.jdcbs.cn
封面印刷：北京凌奇印刷有限责任公司
正文印刷：北京军迪印刷有限责任公司
装订：北京军迪印刷有限责任公司
各地新华书店经销
开本：787×1092 1/16　印张：13.5　字数：220 千字
2011 年 6 月第 1 版第 1 次印刷
印数：1～8 000 册　定价：26.00 元
（凡购买金盾出版社的图书，如有缺页、
倒页、脱页者，本社发行部负责调换）

前言

　　一个你所亲近或尊敬的人表扬你时你会欣喜不已,批评你时你会格外愧疚。

　　这就是关系的影响。关系是什么?权威的解释是"事物之间相互作用、相互影响的状态",是人与人之间某种性质的联系。

　　就亲子关系而言,彼此的关系是建立在平等的基础上的,是相互学习共同成长的关系,而绝非是一方"管教"另一方的关系。亲子之间保持亲密的关系,胜过许多教导。

　　那么,如何同孩子处好关系呢?现在的家长总埋怨孩子太难捉摸,无法走进他们的内心世界。不是孩子太复杂,只是家长和孩子沟通时缺少技巧。一些家长为了孩子财力、精力上都没少付出,但是都没用到正确的地方。还有一些家长想一口吃成个胖子,恨不得自己的孩子马上变成尖子生。这些都是家长教子的误区。

　　要想了解孩子,家长要先找准孩子的喜好。每天闲聊一会儿他感兴趣的话题,聊天的时候要夸奖孩子知道得多,装作你很崇拜他的样子,这可以让他有被理解的感觉。

　　有的孩子比较喜欢运动鞋,那就根据孩子一段时间的表现，给孩子买一双珍藏版或限量版的运动鞋作为奖励。现在的孩子都很仗义，他觉得你真心为他付出了，他对你也一定有所回报，在各方面都会努力。这种方式，家长虽然破费了点，却是和孩子沟通的最好方式。

一些家长会在给完孩子"好处"之后，提这样或那样的条件，这样会让孩子有被利用的感觉。要等孩子被你彻底感动后，你再装出一副可怜相，孩子一定很感恩，于是开始听话。

现在孩子的作业多，有的周六、周日还要上补习班。所以作为家长一定要记住，在做作业以外的时间，不要总是无休止地让孩子做额外的"作业"。

喜欢玩电脑的，就让他玩一会儿；喜欢看电视的，就让他看一会儿，等等。

如果家长把这些都做到了，一定会赢得孩子的信任，和孩子的关系也一定会更融洽。

CONTENTS 目录

第三章　尊重孩子才是真正爱孩子

第四章　做孩子的亲密朋友和楷模

第五章　父母如何说，孩子才会听

第六章　父母如何听，孩子才会说

3

第七章　保持信任，给孩子一个未来

同孩子处好关系的100妙招

4

第一章　形成良好亲子关系的前提

有很多家长常常抱怨,为什么孩子越大越不听话了,还总是做出让人大伤脑筋的事情来。比如,有的家长说:孩子很晚了还在看电视,让他去睡觉也没用,气得我直冒火。有的家长说:我儿子的刘海比女生还要长,都快扎到眼睛了,让他去剪头,他怎么也不肯去。的确,处于青春期的孩子常常会做出一些家长所谓的"出格"的事情来。倘若能在孩子的青春期为孩子在世界观与人生观方面奠定良好的基础,将会对孩子的终身产生极大的影响。孩子进入青春期,家长应做到如下几点。

1. 走进孩子的世界。

走进孩子的世界的前提是了解孩子。首先要了解孩子的生理变化。孩子上中学后,身高明显增加,性机能日趋成熟,男女生都会出现第二性特征。此时的家长,应帮助孩子正确认识和接纳自己的生理变化,珍惜自己的性特征。其次,要了解孩子的心理变化,孩子进入初中后,自我意识有了迅速提高。思维的独立性和批判性显著发展起来,但仍带有片面性和表面性。开始意识到两性关系,萌发着性爱和恋爱的需求,但不善于把感情与理智结合起来。家长要经常与孩子沟通思想,了解孩子所思、所好、所行,才能走入孩子的世界。

小泽是个孤僻且倔犟的孩子,有一次,因违反校纪校规受到了纪律处分,家长得知后气得打骂孩子,可孩子仍屡教不改,越陷越深。怎么办?家长自察自省,开始调整自己的心态。平静下来后审视孩子,发现孩子身上

有着很多闪光点。做换位思考时,发现孩子心灵深处是孤独的。孩子没有朋友说话,在父母面前要么点头,要么不吭声。是不是孩子也苦于不被父母理解呢?孩子的母亲决定放下架子,走进孩子的世界,为了寻找共同语言,她放下外国文学,捧上了金庸、古龙、梁羽生;收起了古典音乐,换上了流行音乐,不明白的地方还请教孩子。孩子先是吃惊,而后感受到母亲的真诚,便手舞足蹈地向母亲讲起课来,其眼神不再是愤怒、不平的,而是单纯、温和的。孩子与母亲的话题越来越多。孩子不断地将看到的新书推荐给母亲,母亲也将名著推荐给孩子。意外的收获是孩子也迷上了世界名著。可见,平等不仅使人易于交流,而且易于互相影响。

2. 指导孩子正确处理人际关系。

能形成自己独到的见解是值得鼓励的,可也要意识到,21 世纪的人才标准之一就是要有协作精神。20 世纪 90 年代出生的孩子大多数是独生子女,家庭的特殊地位滋长了孩子孤傲、自私的性格,势必会影响今后的发展。首先要教孩子学会做人,即做一个在利益冲突面前能替他人着想的人。孩子心中最重要的人是父母,这就要培养孩子遇事替父母着想的习惯。只有能替父母着想的人在外才可能替别人着想。其次,要给孩子一个开放的空间。还要培养孩子的批判性思维,学会说"不"。当落后的学生对孩子发出不正当邀请时,孩子要有分辨是非的能力,并且有巧妙拒绝的能力。

3. 帮助孩子建立自信心。

(1)千万不要当众羞辱孩子,这是万万做不得的。孩子一旦无廉耻之心,十头牛都难以拉回,教育就会显得苍白无力,孩子也会自暴自弃。

(2)孩子有了优点或者付出了努力,要及时给予肯定。一味否定,孩子是看不到希望的。从在肯定中进步,到逐步提高要求。孩子在父母认可及赞赏的快乐中,认识到自己的能力,增强了自信心。

(3)引导孩子逐步形成责任感。适当给孩子布置一点工作,让孩子承担一定的责任,虽然有了压力,却会让孩子体验到被尊重、被重视、被认可的快乐,其心理语言是"我行,我能行"。信心增强了,责任感增强了,能力也会随之提高。

名人读教育

我们自己用的得意的词汇，其实决非来自我们自己。属于我们自己的无非只是依照我们的脾气、性格、环境教育与社会关系而作的修改而已。只是这么点修改，使之区别于别人的表达方式，打下了我们特有风格的烙印，暂时算做是我们自己的东西。别的通通都是陈年旧货，是几千年几百年以来世世代代的人说过的陈词滥调而已。

——马克·吐温

亲子关系的 10 个基本要求

1. 教孩子守规则。

孩子长大了，会形成规则意识，但仍会时常违规，如有时"起个大早，却赶了个晚集"，并非孩子故意拖拉，而是穿衣、洗漱等动作太慢，不得要领，家长就要教孩子做事的正确方法，培养孩子的自理能力，寻找又快又好的做事方法和规律。更重要的是一种独立人格的培养。

2. 和孩子一起活动。

生活中，很多家长每天都很忙碌，匆忙吃完饭后就洗漱，但是这时孩子早已睡去。家长不能陪孩子玩游戏，就意味着失去了一个和孩子交流的宝贵机会，家长和孩子的感情交流是金钱和物质难以替代的，只有每天和孩子一起玩 10 分钟，孩子才会深刻地体会到父母的爱。

3. 适当控制自己的情绪。

批评孩子的时候，我们常听到的是某某孩子没家教，而不是说没有文化什么的，可见家教的重要性。家教就是家长平时对孩子的教育方式、教育思想、教育程度。如果家长平时就易暴易怒，不注意方式、不注意礼貌、言行粗鲁，试想这样的家庭能培养出有家教的孩子吗？

4. 明确上学的价值。

(1)上学读书可以增加学问知识，这些学问知识能使孩子获得自信和力量。

3

(2)认识很多同龄朋友。

(3)学会处理人际关系。

(4)能够掌握属于自己的学习方法,并且终身都受用。

(5)享受到成长的乐趣,处理困难、面对挑战、找寻突破、不断创新、提升自己,都是成长期间的乐趣。

5. 家庭中的共同价值和信念。

尊重长辈、孝敬父母是中华民族的传统美德,但是,这种美德在一些独生子女的身上很少得到表现。要培养孩子养成孝敬父母的好习惯需做到以下几点:

(1)要让孩子了解父母为他和家庭所付出的辛苦。

(2)要从小事入手训练孩子养成孝敬父母的良好习惯。

(3)要以身作则,父母本人要做孝敬长辈的楷模。

6. 消除家长的压力。

现在的家长,大多十分忙碌,在事业、经济、生活及其他方面所面临的压力实在不小,在家中对孩子进行教导,会产生更大的压力。如果家中有数名孩子,而且顽皮好动,家长极容易感到疲劳,发脾气。

7. 让孩子听话。

让孩子听话有9个秘诀。第一个秘诀:把自己也变成孩子。第二个秘诀:和孩子亲密相处。第三个秘诀:注意孩子的反映与态度。第四个秘诀:体会孩子的感受。第五个秘诀:了解孩子的发展程度。第六个秘诀:回答孩子的问话。第七个秘诀:避免用负面意义的说话语气。第八个秘诀:经常变换新鲜的话题。第九个秘诀:充实孩子的生活经验。

8. 追求做人的高度与目标。

家长对孩子的教育不仅要停留在知识层面上。现在的社会,高学历教育在逐渐地普及,而未来真正具有竞争力的是孩子自身的人格,在于"人品制胜",在于孩子是否懂得关心别人、关注别人。

9. 帮助孩子建立自我价值。

自我价值是自信、自爱和自尊的体现,而建立的过程也依此次序:须先建立自信,自爱才能建立,然后才是自尊。自信即信赖自己的能力,能力的基础就是经验。经验是在实践中积累的。

10. 适当称赞。

学会和孩子互动，是家庭教育的艺术，家长一定要熟悉孩子的心理活动，不能让孩子口服心不服，否则再严厉的教育也是苍白无力的。家长在教育孩子的过程中，一定要熟知孩子的心理，并懂得一些家教心理学，学会趋利避害，让孩子健康发展。

名人谈教育

有人问鹰："你为什么要到高空去教育你的孩子？"鹰回答说："如果我贴着地面去教育他们，那它们长大了，哪有勇气去接近太阳呢？"

——莱辛

5

理想家庭环境的 10 个基本特点

谁都希望自己的孩子是一个活泼、有信心、有能力、爱学习并能够与同学友好相处的人。家长应该为孩子营造一个理想的家庭环境。家庭成员乐于助人、充满爱心，与孩子一同去做一些助人为乐的事情；每个成员对生活持正面、积极的心态，充满信心及活力，帮助孩子发展出这样的心态，是每个家长的责任。

在充满爱的环境中孩子才有学习的热情。要使孩子感受到学习是一件快乐的事情。为孩子创造的环境应该充满爱心，告诉孩子尊老爱幼，同学之间相互友爱。从小培养他们的同情心和爱心。在一个幸福、美满、和谐的家庭里，家长要加强与孩子的沟通，尽最大努力与孩子建立平等互爱的关系。

今天的家长面对社会的竞争和挑战，将大部分时间和精力都放在工作上，往往忽略了与孩子的沟通，所以我们要想办法加强与孩子的沟通。我的做法是培养父子共同的兴趣爱好，如打乒乓球、爬山、游泳、下棋和收集硬币等，以培养亲情，共享快乐。这学期开始，我把自己收集的世界各国的硬币都交给儿子保管。他非常喜欢这些硬币，会问我许多问题，这样我们父子之间就增加了沟通的机会。孩子提出的问题大多与学习有关，如碰到标着英文的硬币，他就会问"爸爸，这是哪个国家的？"，我就会向他解释，无形之中激发了他学习英语的兴趣；有些硬币是用国旗标志的，那他就会去对照世界地图手册，从中找出答案，培养了孩子独立解决问题的能力，我们就是通过这种方式与孩子建立良好的沟通。

要让孩子健康快乐地成长，必须先要将其培养成一个乐观、有信心、有能力的人。要培养出这样的孩子，就必须有这样的家庭环境：

1. 尊重你的孩子就像尊重其他人一样。每个家庭成员都有自己的地位和生活空间，并且受到尊重。

2. 好的心态是成功的开始。每个成员都有正面、积极的心态，充满信心及活力，帮助孩子发展这样的心态，是家长的责任和真正挑战。

3. 亲人之间的信任、支持和爱是家庭的最高价值，超越其他一切事物。因此，家中每人都要在乎这些价值，引导孩子重视这些价值。

4. 责任是每个生活在社会中的人不可缺少的。每个家庭成员都要诚实，对自己的行为负责。从自己做起，并且处处鼓励孩子这样做。

5. 孩子也可以有自己独到的见解。家庭成员之间容许有不同的看法和做法。敢于尝试，敢于认错。不要要求别人与自己有同样的看法。容忍别人的错误，以身作则。

6. 成员乐于助人、富于爱心。与孩子一同去做助人的事。

7. 让孩子知道学习是终生的行为。家庭成员之间互相鼓励学习，鼓励独立思考。对别人的不同意见或新颖想法，先听取，找出其中正面的意义，作出肯定，而不是一开口就否定它；鼓励孩子多思考不同的可能性。

这样的环境无需高的物质享受，因为与家人在一起便已经是最大的享受。它提供了最好的学习动力，孩子在其中发展出完善的信念和价值观系统，内心充满自信、自爱和自尊。

名人谈教育

关于两种对立的教育方法我思考过好多次：一种力求保持学生的天真，将天真与无知混淆起来，认为避开已被认识的恶不如避开未被认识的恶；另一种是待学生一达到明白事理的年龄，除了那微妙得叫人害羞的事

以外,就勇敢地把恶极其丑陋地、赤裸裸地给他看,让他痛恨它、避开它。我认为,应当认识恶。

——巴莱拉

培养孩子的自尊

自尊是孩子正确看待自己的核心部分,是我们评估自己的思想、感情和能力的模式和尺度。通常可分为健康的自尊和不健康的自尊。孩子健康的自尊的形成,和父母、老师以及朋友等关键人物紧密相关。

出身优越的姗姗曾说:"妈妈对我管得很严,我在父母面前好像没有自由,吃饭时妈妈给我规定时间,连上厕所都规定了不能超过10分钟。超时就会遭妈妈毒打。"她清楚地记得,小学三年级时,有一天,姗姗放学和妈妈一起回家。母女俩边走边聊,谁知姗姗不小心说错了一句话,妈妈就让她跪在街道上。街上人来人往,周围人异样的目光灼伤了姗姗的自尊心。

姗姗渐渐长大了,自我意识更强了,可是妈妈照样不信任她。如果看到姗姗在看书,妈妈就会说:"装什么装,读不好书以后去扫大街!"姗姗要是考得不好,妈妈就会骂:"蠢得像猪一样,就考这么一点分。"偶然考好了,妈妈也会骂:"怎么突然考好了,是不是抄别人的?"

总之,在她的记忆里妈妈似乎从来没有对她说过一句好听的话。在妈妈这样像捏泥人一样的教育方式下,姗姗度过了20年。这20年中,姗姗和妈妈的关系一直是敌对的,斗争从来没有停止过。直到姗姗上了大学,她也没有让妈妈满意过。

离开了让姗姗窒息的家,大学校园里的宽松环境,终于让姗姗感觉到了彻底的自由,妈妈再也不能管束她了,姗姗选择了报复妈妈的生活方式。她在大学里开始和社会上的一些混混鬼混在一起,一天换一个男友。最终,姗姗被学校开除,走上了一条离经叛道之路。

好多家长都觉得:孩子是自己生的,就必须要按照我的想法去安排他的生活。如果这么想就大错特错了。每个孩子都有自己独特的一面,父母

不仅要认识到这一点,而且应该在生活中积极地引导孩子去认识自己,从而形成良好的自我意识。

具体地讲,尊重孩子,首先要尊重孩子的独立性,尊重孩子的决定和选择,不要认为孩子是自己的,自己想怎么管就怎么管,孩子最反感的就是父母不尊重他的人格。而最伤害孩子心灵、最易造成孩子逆反心理的是父母对自己独立空间的侵犯。

其次,家长不能对孩子说有辱人格、有伤自尊的话。大人千万不要对孩子说:"你真没出息!""小孩子懂什么!""大人的事,小孩子知道什么?"尊重孩子尤其不能随意惩罚和殴打孩子,这是最伤孩子自尊心的。家长一定要记住,千万不要为了自己的尊严,伤害孩子的自尊。平时可通过如下方式建立孩子的自尊和良好的亲子关系:

8

1. 在发展业余爱好时也要照顾到孩子的兴趣、年龄和能力,为他选择适合的学习活动,绘画、下棋、跳舞、书法、钢琴、打球、游泳,某个阶段内,选择一项即可。

2. 多和孩子一起参加活动,不要过分顾虑活动过程中的困难和危险,要全身心地投入,切忌心不在焉。当孩子碰到困难时,请别急于包办代替,让孩子多练习,学会自己克服困难。

3. 指导孩子切莫急于求成。当孩子学习新的技能时,比如骑自行车,不必要求他一开始就能上路,而要鼓励他多实践。在学习比较复杂的技能时,把它分成几个阶段进行,让孩子看到自己的进步。

值得注意的是,尊重孩子不分时间和地点,也不分是优点多还是缺点多。如果一位家长在孩子有成绩时就尊重他,在出现问题时就不尊重他,任意褒贬,这就做错了。家长不妨用换位思考的方法想一想,自己有了缺点、错误时,希望别人怎样对待自己。

 名人谈教育

只有受过教育的、诚心诚意的人才是有趣味的人,也只有他们才是社会所需要的。这样的人越多,天国来到人间也就越快。

——契诃夫

自我价值感决定孩子一生成就

很多家长都觉得,在这个竞争越来越激烈的社会中,应该让孩子掌握知识、技能,掌握其他孩子没有掌握的东西,这些固然没错,但是,一个人能否成功是取决于他的综合素质的,这其中很重要的一点就是对自我价值的认识。自我价值是一个人认为自己有价值的程度,也就是一个人喜欢自己的程度。

如果能够让孩子拥有这种能量,发挥自身的价值,那么就会生成坚实的基础。也就是说:"当自我感觉良好、自我欣赏时,我就极有可能以一种高贵、真诚、勇敢的姿态,充满活力和爱心地应对生活。"有了自我价值,一个人的生命之火就会被点燃,自我价值是人活下去的理由,也是人奋斗的原因和动力。

在孩子后天的成长中,他的自我价值来源于家长的表扬。如果孩子做对了事,父母要及时进行鼓励和表扬,能给孩子他所需要的价值感、信任感和自信心。及时的表扬可以增强孩子对父母的信任感,孩子的自我价值感就会极大地增强,从而产生成长的动力。

在教育孩子的过程中,家长要找到孩子身上的闪光点,不断地确认、表扬、鼓励、放大,这样,孩子就能找到自我价值。这不禁使我想起了一则故事:

一个小女孩初学小提琴,琴声如同锯木,父母不愿听,孩子一气之下,跑到幽静的树林里拉。她听到了一位老妇人的表扬:"我猜想你一定拉得非常好,只可惜我的耳朵聋了。如果不介意我在场的话,请继续吧,我会用心去感受音乐。"就这样,小女孩又鼓起勇气拉起琴来。每当拉完一曲后,老人总不忘说上一句:"谢谢,拉得真不错,我的心已经感受到了。"终于有一天,专修音乐的妹妹听到她拉的《月光奏鸣曲》大吃一惊——那琴声变得那样优美。逼问是得到哪位老师指点。小女孩说出实情后才知道,那林中的老人是音乐学院最有声望的音乐教授,曾是乐团的首席小提琴手,更不曾耳聋过。

其实,大人也希望得到别人的赞扬,何况是孩子呢。一位哲人说:"人类本质中最殷切的要求是渴望被肯定。"而表扬、鼓励、赏识,正是对人成绩的肯定。家长的一句温馨的话,一句中肯的表扬就如同春风化雨,润物无声,甚至包含着肯定意味的体态语,如微微一笑或点点头也都能收到很好的效果,即所谓"深情尽在不言中"。只要我们学会赏识、发现孩子们身上的亮点,让孩子们寻找自己的优点,他们的自我价值感就会提升,就会变得更加努力,创造一个个"奇迹"。

为人父母者一定要会培养孩子的"自我价值"。当家长鼓励、表扬、欣赏、夸奖孩子的时候,他的自我价值会上升,孩子就有了成长的动力;反之,对孩子否定、埋怨、数落、大骂,便会使自我价值下降,以致造成孩子的自卑。做父母的应该帮助孩子认清自我价值、学会疏导焦躁情绪,并能自我激励,提高应对学业压力能力,融洽人际关系,解决生活中的困难。

10

教育上的水是什么? 就是情,就是爱。教育没有了情爱,就成了无水的池,任你四方形也罢,圆形也罢,总逃不出一个空虚。

——夏丏尊

1. 让孩子形成正确的金钱观。

有的家长怕孩子养成挥霍的习惯,便尽量不让孩子碰钱;有的家长过分溺爱孩子,凡是孩子提出的要求一概满足,这都是不可取的。大人对孩子用钱要有一个正确的心态,既不能控制太严,也不能随心所欲,更不能有攀比和补偿心理。

为了让孩子养成正确的金钱观,可以让孩子建立个小账本,把所得和所用的名目、数额记录下来,每周或每月进行一次小计,并同孩子一起分析哪些钱用得非常不错,哪些钱是可以不用的。结余是孩子的,大人千万不能收缴或者下次减少零用钱。对寄读的孩子,可以把一个月的生活费,全部交给孩子自己保管使用,节省下来的钱可以归自己,但必须保证在校吃得安全、健康。

2. 让兴趣来引导孩子的学习。

一般来说,孩子天性好奇,往往会对课本以外的知识产生强烈的探索兴趣。可以在恰当的时候鼓励孩子广泛阅读自己感兴趣的课外书籍。这样既有利于开阔眼界、丰富知识,又有利于孩子把课内知识和课外知识紧密结合起来,不断提高孩子的自学能力。

涛涛是个很乖的孩子,可成绩总是上不去。爸爸只好去学校找涛涛的老师。老师认为,涛涛的成绩没有提高,主要原因是他的学习方法出现了一些问题。老师说:"涛涛的最大问题就是不会自学,好像他也不喜欢自学。"

过了些天,爸爸为涛涛的卧室增添了一些新"家具"。这些新"家具"其实就是一些直观的教学用具,比如世界地图、动物画册、《趣味百科全书》以及一些简单的天文仪器如望远镜。这些直观的教具激发了涛涛学习的兴趣,他每天做完作业后不再急于开电视看动画片了,而是先钻进自己的卧室用望远镜观察一下星空,再看一会儿书,有了不懂的问题就记下来请教爸爸或者老师。通过看书,他学到了许多新鲜的知识,也结交了更多的朋友,变得更加自信了。

3. 以正确的方法引导孩子接触网络。

虽然报纸上不乏这样的消息:某少年上网成瘾,被老师或家长责骂之后拿了家里的钱离家出走。其实,上网对大部分孩子来说是有好处的,并不影响学习,而且网民青少年比非网民青少年与家长交流更多,拥有更多的朋友,社会参与愿望更强烈。

不要强硬地规定孩子是否可以上网。可以与孩子来一个"君子之约",即约定上网的时间、上网的地点。与孩子一起参加一些富有意义的活动,能使孩子的心情得到调节,视野也会更加开阔,不再沉迷于网络。

11

名人谈教育

　　天赋仅给予一些种子,而不是既成的知识和德行。这些种子需要发育,而发育是必须借助于教育和教养才能达到的。

——凯洛夫

第二章　了解孩子,把握孩子的特点

孩子渴求友谊,不当孤独的小蚂蚁

　　要从小培养孩子积极主动和外界交往的意识,在这之前,先要和孩子成为朋友。社交能力是人与人沟通的桥梁,是生活中不可缺少的生存工具。社会的发展越来越需要与人交往合作的能力。如果孩子有着良好的人际关系,和小朋友、老师相处融洽,那他就会觉得自己是被接受、被喜欢的,从而便会更快乐、开朗、自信。

　　都说父母是孩子的第一任老师,一个充满温暖阳光的家会让孩子有足够的安全感,那么孩子的心是完整的、坚强的、开放的,人际交往能力就会自然地发展起来。而如果父母本身与人交往就有很多顾虑,处处伪装、装备,夫妻间的相处不和谐,孩子就会感觉外界是不安全的,他们就会排斥父母的这种交往方式,也学不到人际交往的日常技能。

　　与外界的交往也是生存技巧之一,孩子需要在家长的指导下进行后天学习。让孩子学会解决问题的技巧。父母应该观察孩子在同伴交往中的表现,找出原因,还要了解孩子的感受,让孩子思考是什么原因使同伴不愿意与他交往,引导孩子主动解决问题。让孩子在和其他同学交往时,学会真诚、自省、求同存异、谅解和宽容。

　　单从愿望上说,很多家长都愿意和孩子交朋友。可同时,也有不少家长无奈地表示,孩子和自己有代沟,什么都不和自己说。那家长不妨想想,是不是有的时候嘴上说和孩子做朋友,实际执行起来却不自觉地带着家长的"威严"呢？是否习惯用命令的口气对孩子说话？当孩子遇到诸如情感问题、人际问题向家长诉说的时候,家长有没有不

假思索地训斥或者否定孩子？

　　不要以成人的眼光随意判断孩子。要想让孩子把你当朋友，你自己必须先做孩子的朋友。当孩子向你絮絮叨叨地说些什么的时候，千万不要自作聪明地胡乱评论。认同他的观点，这是做朋友的基础，然后才能以朋友的方式向他建议。

　　教育孩子不是一劳永逸的事情。孩子小时，我们低头看他，如今儿子已经比我们高出一头，我们需要仰头才能看清他的表情，难道不应该变换交流的方式吗？为了不至于落伍太狠，我专门读了《亲爱的安德烈》，寻找沟通的路径，放下做家长的所谓尊严来走进孩子的世界。

　　孩子有他们自己的话题。我家儿子最近和我聊得比较多的就是他们班同学的恋爱，谁和谁初中就恋上了，谁又单恋哪个女生……我从不说这些孩子不对，只是笑眯眯地和他聊，有时顺带着来一句评论，参与出个小主意，儿子也乐于告诉我他们的小秘密，我很少要求他做什么或禁止他做什么。

名人谈教育

　　一个成功的管理者，专业知识所起的作用是 15％，而交际能力占 85％。

——卡耐基

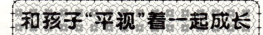

和孩子"平视"着一起成长

　　当我们不理解孩子的行为时，有没有想到用孩子的眼光看他们的世界呢？最近，看了这样一则故事颇受启发。台湾一位节目主持人发现女儿不爱逛商店，每次领她去，她总是哭闹着不愿进。这位父亲很不理解，商店里的商品五花八门，为什么孩子不爱来呢？

　　一天，他又领着女儿去逛街，商店里人很多，他们在人群中挤来挤去。

碰巧女儿的鞋带开了，他蹲下来帮女儿系鞋带，就在那一瞬间，他发现眼前的景象是多么令人沮丧：矮小的孩子眼前不是琳琅满目的商品，而是大人们的一条条大腿和一双双大手。那一只只来回摆动的胳膊，一个个带棱角的书包，时不时地磕碰着孩子的脸和弱小的身体。别说孩子了，自己都不想再待下去了。可当他把孩子扛上肩头准备离去时，孩子突然不走了，原来她看见了玩具。

家长总是喜欢站在自己的角度自说自话，教育孩子，像个居高临下的救世主，其实根本没有了解孩子的内心，这样只能激起孩子内心的反感，如果我们蹲下身来和孩子在同一视平线上，用孩子的眼光看世界，就能更亲近孩子。站在孩子的角度看问题，要注意以下几个方面。

1. 留心孩子在生活中遇到了什么难以解决或让他困惑的问题。

在物质生活条件越来越好的今天，孩子的成长出现了"三大三小"现象，那就是生活的空间越来越大，生长的空间越来越小；房屋的空间越来越大，心灵的空间越来越小；外界的压力越来越大，内在的动力越来越小。在生活中，家长抱怨孩子不听话，孩子嫌家长不理解。

2. 不要总是挑孩子的缺点，也要检讨自己的不足。

独生子女的唯一性使这一代家长对孩子的成败带有"下赌注"的感觉，自己承受过的苦难转化为强烈的补偿心理和惧怕心理，对孩子的培养表现出"四过"：过高的期望、过分的关心、过多的呵护、过分的保护，这样做的结果就是孩子中有不少人出现"三无"：无情、无能、无责任感。因此，作为家长要时刻记住与孩子平视，既不要对孩子有太高期望也不能放任不管，既要培养孩子成才更要教育孩子成人。

3. 爱孩子并不意味着唠叨。

家长要力求做到动一点头脑，少一点说教，露一点微笑，多给一点空间。家长不要忽视表率作用，困难面前不惧怕，失败面前不气馁。现实中，力争做孩子的知心朋友，只有这样才能实现与孩子平等的交流，及时发现并帮助孩子解决在成长过程中遇到的各种困难和疑问。

说教只会加重孩子的心理负担，让孩子远离父母。《哈利·波特》的风行也正说明了孩子的学习和成长需要一个舒适的空间。前不久，英国女作家罗琳的《哈利·波特5》在欧美几个国家同时发行，不用说，这条消息让

15

同孩子处好关系的 100 妙招

全世界的孩子们兴奋不已，奔走相告，使得《哈利·波特》再次风靡全球。作为魔幻童话小说，魔法类的题材并不新颖，可是这本书却令全世界的孩子读得如痴如醉。这种现象令中国的大人们深思：我们太习惯于居高临下地"指导"孩子了。

虽然家长更希望孩子能接触些中外名著，不过大多数名著写作年代离现在较远，与现代的生活差距很大，强行让孩子阅读，难以引起他们的兴趣。所以对于小学生和初中生，大人们应该给他们推荐一些优秀的选本。其次，孩子们平时功课的压力已经够大的了，很少有时间读课外书，暑假是孩子们广泛涉猎各种知识的大好时光。读科普、体育和一些优秀的娱乐类杂志，对孩子了解社会也很有益处。

美育者，应用美学之理论于教育，以陶冶情操为目的者也。

——蔡元培

孩子渴望受到尊重

孩子对自己的人格也是有清晰的认识的，在家庭教育中家长和孩子沟通的前提就是尊重孩子。父母与孩子成功沟通有以下几点技巧。

1. 沟通的方式要因人而异。

每个孩子都有自己的特点，沟通没有通用的模式，与一个孩子沟通的方式并不总是适合于另一个孩子。因此，父母必须根据自己孩子的特点，创造自己的沟通方式。比如，一位母亲的儿子个性内向，沉默寡言，一般的方法难以获得有效的沟通。于是，这位母亲根据儿子喜欢听音乐，写作和阅读的特点，经常与儿子一起到书店去，在那里听儿子向她讲述故事和书里的人物，以此来了解他内心的想法和感受；她还和儿子一起听音乐、做儿子作品的第一个读者，不断进行鼓励。她的儿子终于慢慢地活跃开朗了起来。

2. 保持足够的耐心，在说教之前先听听孩子说什么。

孩子很难接受一个不理解他的大人的意见。与孩子沟通需要谈自己

的意见，但更需要耐心地倾听孩子的想法。倾听意味着避免打断孩子的话，集中精力于交流。为了便于做到这一点，沟通最好在安静的地方进行，排除可能使人分心的干扰。如果你正忙于做晚饭或看喜欢的电视节目，要做到认真倾听是困难的。只有善于倾听的父母才有可能成为孩子的知心朋友。

3. 家长要选择适当的时机和孩子沟通。

有很多家长喜欢在吃饭的时候教育孩子，或者在孩子玩兴正浓时打断孩子，对其进行教育，结果不欢而散。沟通需要有恰当的机会，青少年不喜欢预约的谈话。你想谈，他们可能没有兴趣；只有他们想谈，沟通才有可能顺利进行。切忌不要总是试图在临时想起的、不固定的时间与孩子进行沟通，那样做的结果只会失败。

4. 要认同并且共同讨论两代人之间的差异。

不要勉强孩子认同大人的人生观和世界观，该允许他们拥有符合时代需求的新观念。以一件小事来说，父母认为孩子应该在晚上 9 点以前回家，而进入青少年期的孩子则认为自己已经长大了，可以晚一点回来。如果不能有效地处理这种差异，沟通就难免失败。父母应当与孩子一起商议和制定新的制度，从而帮助孩子发展有用的社会技能。

5. 好的心态和情绪是和孩子平等沟通的条件。

家长不要以强硬的态度去试图改变孩子的行为和看法。对孩子言行的反应过于激烈往往导致争吵，使交谈无法继续。为了使交谈保持友好的气氛，父母绝对不要带着焦虑的情绪与孩子交谈；同时，为了体现尊重，避免引起反感，父母在提问题时，最好以商量的、平和的语气进行，如"你这样做是怎么想的？"、"让我们谈谈好吗？"

要鼓励孩子对父母坦诚，同时也要对孩子抱以坦诚的态度。父母要认识到，孩子最希望得到父母的肯定、鼓励和奖赏。如果孩子和父母谈话时受到批评，他会感到自己的坦率得到的不是奖励而是惩罚，这将伤害他继续与父母直接交流的积极性。

6. 多讨论孩子们感兴趣的事情而不是一味强调你的看法。

要重视孩子跟你说的话，哪怕这在你看来不是什么大不了的事情。孩子们生活在不同于成人的另一个世界中。有些事情对父母来说并不重要，但对孩子们来说就不同了，那可能是意义重大的事。父母不必假装对孩子

17

的事情感兴趣,但是必须对他们感情和观点表示尊重。因此,经常与孩子讨论他们的事情是必要的。

名人谈教育

教育儿童通过周围世界的美,人际关系的美,看到的精神的高尚、善良和诚实,并在此基础上确立自己身上美的品质。

—— 苏霍姆林斯基

孩子渴望受到保护

孩子身心的成长是循序渐进的过程,不能太娇惯,更不能粗暴对待。心理学家曾对孩子的"怕"进行调查,结果表明:孩子怕失面子,怕被人认为是愚蠢的孩子,怕在课堂上出丑等。对他们来说,自尊心遭打击、自我价值遭否定是件可怕的事情。作为家长,对孩子这颗稚嫩的心应怎样保护?以下 3 个方面是家长应该注意的。

1. 不要觉得孩子的语言和行为幼稚就敷衍了事。

其实,孩子是希望得到父母的认同的。在日常生活中,常常会看到孩子兴高采烈地向父母诉说什么,父母却一边哼哼哈哈一边想自己的心事或做其他事情,孩子就会很快察觉到父母对自己没兴趣,他们会感到沮丧和生气。其实,听孩子说话是件有趣而且必要的事情,从孩子的话中,家长可以知道孩子的想法,掌握孩子的喜、怒、哀、乐,了解孩子的需要。

2. 父母不该只是孩子的供养者,还应该是孩子感情的寄托。

孩子在接触世界,认识社会的过程中难免会有心理波动。家长对孩子因受挫折而产生的抱怨和哭诉要重视,绝不可抱着无所谓的态度。在生活中,当孩子遇到挫折或委屈时,许多父母常常不给孩子提供宣泄的机会,不是嫌烦制止孩子的哭诉,就是淡漠应付,对孩子缺乏耐心和尊重。再者就是急于说教,不给孩子申辩的机会。

当父母察觉到孩子有委屈,或者听到孩子的抱怨时,最需要做的就是

把孩子抱在怀里，先安抚孩子，再耐心倾听孩子诉说，这不仅可以更清楚地了解事情发生的前因后果和他的想法，更重要的是在孩子哭诉也就是宣泄心中不快时，父母的理解和宽容会使孩子感受到亲情的温暖，内心感到安全与舒畅，从而使心里的烦闷得到调整而变得愉快，然后，父母再来与孩子一起分析事情的对错。

当孩子受到挫折时，需要父母的鼓励和肯定，以增加克服困难的勇气。同时也应做好引导工作，帮助孩子分析受挫的原因，为他们提供感情支持，使孩子在经历挫折时，能主动地对待挫折，在挫折和磨炼中造就自己坚强的性格，增强自信心。

3. 要让孩子表现出一个真实的自我，在此前提下引导他们适应社会。

在孩子性格形成的阶段，只有在一个宽松、舒适的环境下才会使孩子表现出真实的自我来。对于孩子来说，家长若能顺应孩子的自然发展规律，尊重孩子的心愿，时刻给孩子表现真实自我的机会，不仅能促进孩子个性的发展，而且还能使孩子获得各种经验，从而更好地适应社会。

19

对孩子的行为妄加干涉是有害无益的。活泼、好动、贪玩是孩子的天性，也许他们会把门开开关关，一下钻到桌子下，一下又爬到桌子上……孩子的顽皮实在超乎大人的想象，许多家长往往会嫌孩子麻烦，怕孩子遇到危险，这时候，他们会在一旁说"危险哪!"、"好脏哦"、"你们这样真不像话!"或是孩子想做什么事之前，家长就会跑到跟前说该怎么怎么做……你也许没有意识到，这样就会使孩子正萌发的好奇心"夭折"。如果孩子不能有各种各样的经历，那么其情感是很难正常发育的，如此下去，孩子在情绪不良的情况下成长，长大成人后就会有性格异常等问题出现，就不能很好地适应社会，越小的孩子越是这样。

美国教育学家蒙台梭利有一个精彩论断：孩子拥有一份吸收性心智。他们在与成人的直接接触中感受最为真切、最为深刻的社会性行为。我们无法相信，一个整天要服从于成人指令或是不时遭到成人指责的孩子会构建出活泼开朗、宽容友善的人格特征。

名人谈教育 📖

从美的事物中找到美，这就是审美教育的任务。

——席勒

孩子需要得到赏识

孩子成长就像小树长大。要经过不断地修正。犯了错误，父母难免会责备孩子，但是责备的方式却有很多种，如果方式不当，很可能会在无意中伤害孩子。如果父母善于找到孩子错误中隐藏的优点，然后赏识孩子，不仅可以让孩子充分认识到自己的错误，而且还会继续保持这个优点，从而养成良好的对待错误的习惯。

一味地指责孩子于事无补。面对孩子的错误，父母还应该从自己身上找原因。有些时候，孩子错误的很大一部分原因来自于大人的误导。例如，孩子和老师顶嘴，可能是因为父母经常在他小时候说"等你上学了，让老师管教你！"之类的话，让孩子误认为老师和自己是对立的、是敌人，从而产生了逆反心理。

孩子的思维有时是单纯却很难让大人理解的，所以，当孩子犯了错误，要调查清楚事情的起因、经过、结果，发现孩子在错误中显露出来的优点。如果孩子的错误是出于好意，首先应该赏识孩子的良好初衷，如"我知道你很想帮助别人，这真让我高兴！"而不是抓住他的失误。

犯错误并不可怕，每个孩子都免不了会犯这样那样的错误，而孩子正是在不断犯错误、纠正错误的过程中成长起来的。所以说，问题不在于孩子是否犯错误，而在于父母采取何种态度让孩子认识并纠正错误。善于在孩子的错误中发现优点。用赏识的态度去教育孩子纠正错误，比严肃的批评和打骂更有作用。

一对母子正在站前等车，一阵大风把妈妈的围巾撩了起来，妈妈想用手按住围巾，可是手里还提着皮包，非常不方便。看到这个情形，小男孩主动对妈妈说："妈妈，我帮你拿包吧。"妈妈犹豫了一下，还是把皮包递给了

20

小男孩，然后整理她的围巾。

没想到一阵大风吹过，小男孩一不小心，把皮包掉到了地上的水洼里。小男孩马上把皮包捡了起来，一脸的惊恐。妈妈的脸色立刻变得非常难看，厉声训斥小男孩："你怎么连个皮包都拿不住啊？你看，包都脏了，你让我怎么拿？你真笨……"小男孩一声不吭，眼泪却哗哗地涌出来了。

试想，如果这样对待一个出于好心却有失误的孩子，他还会愿意再次尝试帮助母亲吗？还会对自己有信心吗？大概一直都会觉得自己是个没用的孩子，这种情绪甚至会影响他今后的做法。与此相反，著名教育家陶行知先生"四块糖"的故事是父母们学习的典范：

有一次，身为校长的陶行知发现学生王友用泥块砸自己的同学，他当即制止了王友，并让他放学后到校长办公室。放学后，陶行知来到校长室，王友已经等在门口准备挨批了。陶行知立即掏出一块糖果送给他："这是奖给你的，因为你按时来到这里，我却迟到了。"

王友不敢相信似的接过糖，陶行知又掏出一块糖果放到他手里："这也是奖给你的，因为我让你不再打人，你就立即住手了，这说明你很尊重我。"王友迷惑不解，陶行知又掏出第三块糖果，说："我调查过了，你砸他们，是因为他们欺负女同学。这说明你很正直，有跟坏人做斗争的勇气！"

听到这句说到自己心里去的话，王友感动地哭了，他后悔地说："陶校长，你打我两下吧，我错了，我砸的不是坏人，是我的同学呀！"陶行知满意地笑了，他随即掏出第四块糖果递过去："为你正确地认识了错误，我再奖给你一块糖果……我的糖奖励完了，你看我们的谈话也该结束了吧！"

面对学生的错误，陶行知既没有批评更没有打骂，而是换了一个角度，以赏识的心态，从错误中发现学生诚实守信、尊师长、为人正直、敢于承认错误的优点，并及时给予赞扬。陶行知用赏识唤醒学生的良知，让学生主动承认错误、接受教育，从而在心灵深处产生改正错误、完善自己的愿望。

看过这个故事，相信广大父母都会从中得到启发。现实生活中，发现孩子的错误并不难，难的是从错误中发现孩子的优点，并以赏识的态度和语言设计充满爱心的教育场景，在对孩子的赏识中完成"润物细无声"的教育。

孩子的世界既简单又复杂,切不可武断应对。要想找出孩子错误中的优点,必须首先了解孩子犯错误的过程,通过对过程的分析发现孩子的优点。如果陶行知不对王友用泥巴砸同学的过程进行调查,他就不会知道事情的起因是那几个同学欺负女生,也就不会发现王友为人正直、敢于打抱不平的优点。另外,必须对孩子敢于承认错误的优点给予赏识。

名人谈教育

志向是天才的幼苗,经过热爱劳动的双手的培育,在肥田沃土里将成长为粗壮的大树。不热爱劳动,不进行自我教育,志向这棵幼苗也会连根枯死。确定个人志向,选好专业,这是幸福的源泉。

——苏霍姆林斯基

了解孩子的个性

好多家长都觉得,为什么有的时候孩子小小年纪就表现出少有的顽固?例如,带孩子去买衣服,家长和售货小姐无论如何也无法说服孩子接受他"看不上眼"的颜色。而往往某一色系的衣服已经有很多了还不停地买。其实,孩子如果极端地热爱某一种颜色,他的个性往往很突出,这种个性常常是他优点和缺点的"爆发点"。找准了这个"爆发点",父母对孩子的引导可以更加有的放矢。

1. 喜欢粉色的孩子依附性特别强。

很多女孩子喜欢柔嫩的粉红色。如果你所爱的小女儿喜欢粉红色的话,表示你的家庭经济在一般水准之上,而且,也象征着双亲爱心的充分表现。在爱心的保护下,这种女孩子多具备"高度审美观"、"细心体贴"、"优雅"、"柔顺"的特质,亦正是他吸引人之处。大量的证据表明,热爱粉红的女孩与父母的亲子关系特别黏糊,在心理上特别依赖父母,大小事希望大人替她拿主意,站在前面替她做"挡箭牌。"一定要注意培养这些孩子的独立意识和勇于面对的个性。

蓉蓉就是一个例子,她的一切用品都是粉红色的,连枕头和漱口杯都

要买"粉红色，上面有五瓣小花"的，人又胖，外号"粉红小猪"，但就是这么个高胖女孩，连同伴错拿了她的皮球回家，她都不肯去"交涉"，非要拉着妈妈去跟对方小朋友说。

2. 偏爱绿色和蓝色的孩子讨厌竞争。

热爱绿色和蓝色的小朋友大多性情平和，有回避竞争的倾向。喜爱绿色的孩子尤甚。他们个性上较随和开朗，没什么心机，具有包容宽恕的心胸及强烈的好奇心，而且颇有求知的上进心。此类型者，成人后适宜于做工薪阶层，如能有恒心踏实做下去，也可有成功的一日，许多很有才气的男孩属此类型。对这样的孩子，家长要注重平时多和孩子沟通，教孩子学会应对混乱场面和激烈竞争，自己积极地去获取属于自己的东西。

连自行车也要选择"青草绿"的卓雅，宁可在幼儿园植物角看一下午"蚂蚁大游行"，也不愿与小朋友玩"抢椅子游戏"。她明明眼疾手快，能抢得赢，不知怎的一玩这个游戏就要上厕所。除了讨厌这个"8人抢6椅"的游戏，卓雅还聪明地避开与同伴的"残酷竞争"，比如要排演《白雪公主》，没人想演"凶恶的王后"，卓雅就举手说愿意演王后，因为白雪公主有12位小朋友想演，11个人注定要体会失败的滋味，卓雅说：我不想跟别人去争。又说，要是有一个童话，能让每个小朋友都分上一个角色，那就皆大欢喜了。

3. 喜好紫色和橙色的孩子会有过度情绪化的表现。

虽然同样是暖色，但偏爱橙色和紫色的孩子与喜欢粉色的孩子有很大差别，他们容易情绪剧烈波动，不过偏爱橙色的孩子更乐观，情绪颠簸时会往好处想，比较善于自我开解。"橙色系"的孩子唯一的缺陷是，被坏情绪掌控时可能有攻击性。热爱紫色的小孩则完全相反，他们的情绪不会向外失控，只会向内——别人一个眼神、一句话，他都能在心里翻腾很多遍，非常敏感。

敏感并不是女孩子的专利，喜欢紫色的男孩比女孩还多，这或许可以解释这样两个事实：第一，为什么有成就的神经质艺术家从来是男多于女；第二，为什么"生闷气"的怪男孩屡见不鲜。敏感的女孩会用眼泪来释压，

23

男孩从小被教育"不许哭！要坚强！"就只剩下"闹别扭"这一种表达方法了。假若发现热爱紫色的小男孩在"闹别扭"，千万别呵斥他，想一想如何有效安抚他那颗"容易受伤的心"吧。

对于容易陷入封闭情绪中的孩子，家长要学会向孩子传播快乐的情绪，尽量不要勉强孩子做什么事情，而要身体力行让孩子感受轻松和快乐，这样孩子的心理戒备解除了，接受某项事物也就容易了。当父母觉得做这件事是快乐的，你的孩子必然也会快乐；如果你觉得不快乐，孩子也会觉得不快乐，这就是没有用对心、使对力。

了解孩子的优点

所有的父母都是爱自己的孩子的，可是，在生活中，父母却总是惯于寻找、放大孩子的缺点，惯于拿孩子的缺点同其他孩子的优点相比较，常常说别人的孩子这样好，那样好。而自己的孩子，总是"千疮百孔"，一无是处。还有很多父母望子成龙，总想让自己的孩子"出人头地"。

长大以后，为什么有的孩子自信而充满活力，有的孩子却胆怯内向，畏首畏尾？因为在小的时候，明智的父母一眼就能看到孩子的优点，进行鼓励和引导，而不明智的父母，看到的是孩子的缺点。其实，每个父母都应善于发现孩子的优点，让孩子在自信中成长。面对"坏"孩子，更需要竭力去找他们的闪光点，哪怕是沙里淘金，哪怕是微不足道，都需要出自真心地去赞扬、鼓励和引导。

小龙是个聪明且调皮的男孩，经常会出现许多"小问题"，制造诸多"麻烦"。

这一天，妈妈刚刚回家，听到爸爸正在生气地指责小龙："没收拾好自己的物品，就跑出去玩！说你多少次了，你怎么老是爱摆个烂摊子啊？"说到气头上，爸爸又开始批评小龙其他的诸多错误，如粗心、脾气不好、贪吃等。

妈妈瞧瞧小龙，正满不在乎地嘟着嘴，满脸的不服气和不情愿。为了缓和僵局，妈妈若有所思地说："小龙身上是存在缺点，我想他自己知道那

样做不对。每个人都有缺点，可每个人身上也都有优点的啊！小龙很爱劳动，喜欢主动帮助别人，做事情很认真，学本领很聪明，这就是他的优点。有缺点不要紧只要改正就好。"

小龙本来以为妈妈也会批评自己，谁知竟然夸奖自己。他被妈妈夸得都有些不好意思了。最后妈妈说："小龙有这么多优点我们也很骄傲，如果能将自己的缺点改掉变成优点，那么小龙会是个了不起的人，大家都会对你另眼相看的。"听了妈妈的一席话，小龙轻轻点点头，若有所思。从此之后，小龙的很多"毛病"果然都改掉了。

很多类似的事例说明：孩子渴望赏识就像人需要阳光和氧气一样。小孩子认不清自己，需要靠成年人的表扬来认识自我、增强自信。赞扬可以成为他们改掉不良行为的动力，使孩子建立自信，迈向成功。

孩子对自己的认可首先来源于父母、亲人对他的认可。一个渐渐长大的孩子，如果父母爱他，他也会认为自己是可爱的。假若父母打他、奚落他，那脆弱的心灵，就会被利剪截断双翅，或许从此跌落尘埃、一蹶不振。

1. 要多角度分析孩子的言行。

要帮助孩子找到不足之处的具体所在，并且经过分析帮助其改正。避免以偏概全，笼统否定。比如说孩子的某次作业没做好，错误较多，应该看看哪些题错了，出现错误的原因是因为马虎不认真，还是根本不懂。在分析过程中，该肯定什么，就肯定什么，该否定什么，就否定什么。表扬与批评要从实际出发，这才能让孩子服气。

2. 夸赞也要讲究方法。

表扬要有的放矢，不能太笼统，让孩子清楚表扬的是哪一点，为什么表扬；要注意时间、场合，根据孩子个性特点和年龄特点，宜及时讲的及时讲，宜阶段讲的阶段讲；宜当面表扬的当面表扬，宜采用暗示的就采用暗示，该向老师汇报的就告诉老师；对有自满情绪的孩子应适当减少表扬的频度，提高要求；对缺乏自信、有自卑感的孩子要通过肯定点滴进步培养孩子的自信；要讲究表扬的方式、方法，可采用口头表扬、手势动作表扬、书信表扬、庆贺式表扬、物质鼓励、外出游玩等形式，依孩子特点和该表扬内容而定。

同孩子处好关系的 100 妙招

美国成功学家拿破仑·希尔曾经说过:"每个孩子都有许多优点,而父母恰恰相反,他们总是盯着孩子的缺点,认为,管好孩子的缺点,才能让孩子更好地成长。其实,这样做就像蹩脚的工匠,是不可能造出完美的瓷器的。"

名人谈教育

要永远觉得祖国的土地稳固地在你脚下,要与集体一起生活,要记住,是集体教育了你。哪一天你若和集体脱离,那便是末路的开始。

——奥斯特洛夫斯基

26

了解孩子的特长

身为父母者,都有自己童年的回忆和那些一直怀有,却因为条件限制等种种原因没能实现的愿望,这也是很多人觉得不快乐的原因之一。做自己擅长和喜欢的事,就容易出成绩,这是一个普遍让人接受的道理。要想让孩子将来能做自己喜欢和擅长的事情,首先得让孩子了解自己真正擅长什么,喜欢什么,这是一切培养和教育的起点和根基。现在很多成人不喜欢自己的工作,每天工作都不开心,但如果你问他真正喜欢和擅长做的是什么,绝大多数的人都没有办法回答。原因就是他们自己也不知道自己真正擅长什么,有哪些天赋特长。

想要发展孩子的能力,就要先了解孩子的特长,这样才能让孩子在掌握本领、谋求发展的同时,拥有一片天空。每个人都有不同的敏感区域,人的特殊才能在个体间是有很大差异的。虽然说通过努力,某一方面或某几方面才能因素能够得到一定的发展,但像音乐才能、表演才能这些特殊才能在很大程度上受遗传因素的影响和后天环境的熏陶,与人的天赋有关。这就是许多家长花了很多的钱、很多的时间和精力为孩子买琴寻师或让孩子参加各种艺术训练班,结果大多不理想、不得不半途而废的原因所在。

特长不是凭空产生的,是通过兴趣、爱好一步步转化而来,以至于有些家长把他们混为一谈。兴趣只是人对事物的一种喜欢的情绪。比如孩子

对弹奏钢琴有兴趣，他会非常关注老师弹琴，会经常有意识地欣赏钢琴演奏，谈话时也会很自然地涉及关于钢琴的内容。但这并不能说他爱好钢琴。只有当他对弹琴产生了浓厚的兴趣时，经常自觉地坚持练习，才能说具有这方面的爱好。只有当他弹奏钢琴已达到相当的水平，甚至达到一定级别时，我们才能说他具有弹奏钢琴方面的特长。

也可以说特长是从兴趣中培养出来的，同时，特长必须以在这方面的特殊才能、天赋为前提。某种意义上说，特长是孩子的潜在特殊才能的外在表现。所以，及时地发现孩子在某一方面是否具有潜在的特殊才能，对于培养孩子的特长是非常重要的。

每一个孩子都会有他擅长的部分，对家长而言，在认真了解孩子智力水平的基础上，进一步认真观察和了解孩子特殊才能方面的情况，是十分必要的。这样才能做到心知肚明，对孩子在特殊才能方面的情况有一个科学的了解，然后因人而异，量力而教，否则就会影响孩子的正常发展，挫伤孩子在其他方面发展的积极性。

27

贫农特别吃没有文化的亏，特别需要受教育。

——列宁

了解孩子的爱好

很多家长都怕孩子输在起跑线上，让孩子学这个学那个，总想把孩子培养成某些方面的天才。殊不知，孩子的未来不应该由家长去设计，也绝不是家长可以设计的。然而，他们恰恰忽视了一个最根本的道理，人的兴趣不仅是在需要的基础上产生的，也是在天性的基础上发展的。其结果往往是好心办了坏事。当然，作为父母，不能只欣赏孩子的兴趣，还要善于发现孩子的爱好。

这也不是说对孩子就该放任不管，任其自然发展。单靠提要求、严格管教或者是一味的表扬都不是最好的办法，善于教育孩子的父母应该创设与孩子共同活动的环境和机会，在共同活动中，既可以了解孩子的行为特

征，又能洞察孩子的内心世界，还可以和孩子共同体验快乐，从而发现并培养孩子的兴趣爱好。探听孩子内心的声音是最重要的。

国际象棋大师谢军的脱颖而出，与她的母亲尊重孩子的选择有密不可分的联系。那年，谢军面临着要么去棋队，要么继续上学放弃下棋的选择。她想上学更想去下棋，因为只有她自己知道，只要往棋盘前一坐，她就会无比地畅快、兴奋。而妈妈，这位毕业于清华大学自控系的电子工程师，为独生女儿考虑更多的是她的学业和前途。作为一个有文化素养的妈妈，既不愿因家长干预断送了一个确有天才的棋手，也不愿女儿为此耽误一生。

于是，母女间进行了一次很严肃的交谈，那时谢军才 12 岁。"你很喜欢下棋，对吗？"小谢军看着妈妈，从没见妈妈这么严肃过，有点儿害怕，但依然点点头。"那好，不过你要记住，下棋这条路是你自己选择的，既然你选择了下棋，今后，就要对自己负责任！"

试想，如果当年妈妈硬逼着谢军读书，压制她对国际象棋的爱好，那么，现在谢军也许会坐在大学的教室里，而我国就会少了一位出色的棋手。谢军成功的背后，有一位伟大的母亲！

要想发现孩子最真实的一面，首先要亲近孩子，了解孩子的内心。家长可以充分利用周末、节假日，与孩子一起进商店，逛公园，或到树林里散步，留心孩子感兴趣的商品、书籍、景物等。此外，家长还可以跟孩子一起写字、画画、读书、做纸工、修理日用品，一起做家务……孩子在与家长共同活动时，其兴趣和爱好便会清楚地表现出来。

1. 让孩子的好奇心得到充分发展。

孩子的世界和大人的世界是不同的，孩子感兴趣的家长未必感兴趣，于是，好多家长抱怨："孩子提问，别理就是了，烦都烦死了……"殊不知，孩子爱提问题正是一件好事，说明他有强烈的求知欲和探索精神。孩子爱提问，是受好奇心的驱使，是兴趣爱好的标志，也是其智力活跃的征兆。家长要善于从发问中，挖掘孩子的兴趣爱好，帮助他们解决"为什么"，认识"是什么"。

2. 从孩子喜欢从事的活动中发现他的兴趣所在。

每个孩子根据他们所接触的环境，有自己感兴趣的东西。以手工劳动和绘画为例,有的孩子喜欢做汽车、火车、轮船,描绘打仗的场面;而小女孩大多数喜欢画装饰图案和制作穿着各种服装、梳着花样发式的布娃娃等。从孩子的劳动中,就可以发现孩子在这些方面的兴趣和爱好,从而加以培养和引导。

适合自己的,才是最好的。一般地,从孩子的兴趣爱好中选择一二,来作为家长培养孩子的方向。绝不要把那些孩子不感兴趣的、不符合孩子特点的、不能满足孩子需要的技艺拿来培养。可不少家长恰恰不是这样,他们不是把自己的兴趣强加于孩子,就是把别的孩子的兴趣当做自己孩子的兴趣。这些家长无不心存美好的愿望,望子成龙,望女成凤,尽心尽力地培养孩子的兴趣与爱好,一心一意地为孩子设计美好的未来,但他们没有掌握合适的方法。

名人谈教育

教育! 科学! 学会读书,便是点燃火炬;每个字的每个音节都迸发着火星。

——雨果

观察孩子最在乎什么

天下没有家长不爱自己的孩子,可是,不是每一个家长的爱都能被孩子理解。总是有家长抱怨说:我把所有的精力都放在孩子身上了,起早贪黑赚钱供他吃喝上学,培养他各种兴趣爱好,我比这世界上任何一个人都希望他将来有美好的生活。为什么他就是什么也不愿跟我说呢?

家长迫切希望了解孩子的心情可以理解,但是孩子慢慢长大,他有了作为一个独立的人的思维和个性,只有尊重和理解孩子内心的感受,才能获得孩子的信任。每个父母都担负着教育孩子长大成人的责任,但是真正了解孩子是一件很不容易的事情。很多父母总是只听别人怎么说,对自己孩子的了解不准确,这样会造成许多不必要的矛盾。

教育是一门艺术,可是大多数的父母工作都比较忙,在如何教育孩子的问题上没有多少可以借鉴的经验,对于孩子,往往是让他吃得最好,穿得

29

最舒服,仅此而已。但是对于孩子心里到底在想些什么,孩子到底需要些什么,做父母的往往不能深入了解和洞察。看看老师是怎么形容她所了解的孩子的内心世界的。

那天我正在教室里填表格,小瞳走过来坐在我旁边。她一直静静地坐着,什么话都没说,一直等我把表格填完。我很奇怪,因为往常这个时候她都会在户外活动的,我问:"小瞳,你今天怎么没到户外活动啊?"她说:"老师,我今天晚上要去游泳!"我很惊讶地说:"是吗?谁带你去啊?"她说:"是我爸爸妈妈,我每个星期五晚上都要去的!"我问她:"那你喜欢游泳吗?"她低着头说:"我不喜欢,可是妈妈硬是让我去,妈妈说学会了游泳就会帮我买蓝色的芭比娃娃!"不知道为什么我心里有种酸酸的感觉,小小的孩子感受到了难以面对的压力。我对小瞳说:"宝贝,你是你自己的主人,没有人能够支配你做任何事,包括你的爸爸妈妈。你有权利选择你喜欢做的事,也有权利拒绝你不喜欢做的事!"小瞳一脸无奈的表情,对我说:"可是妈妈不会答应的!"我安抚着她:"宝贝,没关系,总有一天妈妈会尊重你的选择的,因为她是爱你的……"我不知道该怎么去帮助她,安慰她,只有抱着她,因为我感觉到了她正需要我抱着她,需要得到爱……

"爱"是理由,不是借口。成人往往以"爱"的名义把自己的意愿强加给孩子,而这种标榜着"爱"的言与行,其实很少照顾到孩子的内心感受。成人选择这样做或者那样做,更多的是成人自己一厢情愿,大多数情况下,孩子只是成人言行合理化的金字招牌。

孩子不会跟一个自以为是、高高在上,跟自己不在一个思维方式上的人探讨自己遇到的问题。孩子也有自己的情感,孩子也有自己的自尊心,你用什么样的方式对待孩子,孩子的心里最清楚,他无法用成人的方式表达自己的需要,但是他可以躲在自己的房间里摔东西,他可以用自己的方式与爸爸妈妈对抗。

大人不要单纯地以自己看到的或者听到的判断孩子的言行。父母除了对孩子给予各方面的关心和照顾之外,还要注意从细小的方面观察自己的孩子,走进孩子的内心世界,然后采取不同的方法去指导、帮助、培养孩子。很多自以为是的父母并不是真正了解孩子,因为他们不愿在这方面下工夫,只是凭借自己的臆想去判断孩子。

名人谈教育

科学书籍让人免于愚昧，而文艺作品则使人摆脱粗鄙；对真正的教育和人们的幸福来说，二者同样的有益和必要。

——车尔尼雪夫斯基

观察孩子最忌讳什么

1. 不与孩子交流沟通。

中国许多家长都有一种自认的权威感，他们骨子里认为，大人应该保有权威，大人说出的话就是命令，根本就没有与孩子交流沟通的必要。等孩子上了中学、把自己封闭起来或者与父母严重对抗的时候，许多家长才意识到与孩子平等交流沟通的必要性，可这时候孩子却不愿意与你交流了。

随着年龄的增长，孩子不但不再听父母的话，反而有意地处处跟父母作对，令很多父母头疼不已。其实，要想孩子一直把自己当朋友，就不要总是端着家长的架子。从孩子很小的时候起，家长就应该多倾听孩子的心声，就孩子的学习、生活、娱乐、运动、社会交往和情绪情感，与他进行坦诚的、平等的交流，当孩子遇到困难和问题时，及时给孩子提供恰当的指导和帮助，对于孩子的成长和安全都是非常有利的。

不要总是以命令或者毋庸置疑的语气与孩子交流。尽量多与你的孩子一同进餐，并一起谈论一些轻松愉快、不致引发争议的话题。要征询孩子对一些家庭重要问题的意见。

2. 孩子不是家长的附属品。

许多家长都希望孩子按照大人的意愿行事，成长为大人所希望的样子，表面上是为孩子着想，其实这种想法是非常自私的。父母虽然给了孩子生命，但是孩子不应该也不可能成为大人的附属品。因为每一个孩子都是一个独立的个体，都有自己的思想和情感、兴趣和爱好、优点和缺点，他们也可能与父母有着截然不同的人生志向。

同孩子处好关系的 100 妙招

爱孩子，不是爱我们理想中的孩子，而是要爱现实中的孩子，接受真实的孩子。为此，我们必须爱他的一切，爱他的优点和缺点，尊重他的兴趣和爱好，尊重他的志向和人生选择。如果你不能接受真实的孩子，动不动就数落他，会让孩子觉得大人不喜欢他，这不仅会导致他们怀疑自己，对自己的能力和表现缺乏信心，而且他们还会因为觉得辜负了父母而感到羞愧和内疚。

对孩子的评价要做到对事不对人。表扬和批评都只能针对孩子的行为，而不能针对孩子本人。孩子的兴趣爱好和人生志向可以引导，但要小心谨慎，要以尊重孩子的意愿为前提。让孩子活在当下，而不是活在对未来的担忧中。

3. 不能允许孩子犯错误。

很多父母都知道失败是成功之母的道理，可是当孩子做作业出错、考试出现失利的时候，家长常常就会忘了这句话，而且常常责骂孩子。虽然这种恨铁不成钢的心情可以理解，可是这样做的后果是给孩子带来伤害。例如，某次家长会，母亲当着全班同学的面指责孩子道："别人考了 90 多分，你是比别人笨还是比别人傻啊，才考了 70 多分，你丢人不丢人?"考 70 多分并不丢人，当着那么多人的面挨家长的训，那才叫丢人呢。

任何人都不可能是完美的，我们不能指望孩子不犯错误，不经历失败。如果孩子一犯错误、一失败，我们就责骂孩子，孩子就会变得小心翼翼、诚惶诚恐，进而导致更加糟糕的行为表现。如果孩子失败之后我们惩罚孩子，还可能诱使孩子欺骗他人、隐瞒自己的失败，或者根本不敢努力尝试。

只有通过不断地探索、尝试，孩子才能走向成熟。我们爱孩子，就是爱他的一切，就要容忍和接受他的一切，包括他犯下的错误，因为孩子正是在改正错误的过程中逐渐走向成熟的。惩罚和侮辱只会使失败的孩子情况越来越糟。

道德普遍地被认为是人类的最高目的，因此也是教育的最高目的。

——赫尔巴特

观察孩子喜欢交什么样的朋友

孩子有意识地结交同伴是他们接触世界、认识世界的开始。他们不再把成人作为唯一的依靠，开始主动寻求同伴，喜欢和同伴共同参与一些活动，与同伴的交往比以前密切、频繁和持久。虽然在一起时总是打打闹闹，但彼此又难舍难分，其实，孩子会根据自己的心理需求寻找合适的游戏伙伴，这不用家长包办代替。

1. 在有约束的前提下尊重孩子的朋友。

交朋友是孩子形成自主意识的开始。孩子有他的独特的交友风格，能和另一个人成为朋友，说明他具有一定的与人交往的能力，不管他结交了什么样的朋友（有反社会行为的除外），都应该充分尊重，因为他能从这些朋友身上学到他想要的东西。

孩子毕竟还缺乏完整的判断力，交什么样的朋友应该处于家长的监督下进行。尽管在孩子交往过程中，需要父母的指导，但父母也要尊重他们的选择，让他们有一定的自主权。在选择朋友方面，父母和孩子的意见常常不一致，但只要对方不是品行太差，还是尽量尊重孩子的意见，然后在他们交往的过程中，进行积极的引导和帮助。

孩子只有在感受到尊重的基础上才能学会尊重别人和父母。父母这样做，既可以表示自己对孩子的尊重，也可以进一步密切与孩子的关系。尊重孩子的朋友，不仅可以让孩子感觉到父母对他的尊重而更加信赖父母，而且还可以促进孩子之间的友谊和交往，促使他们互相帮助、互相学习。

2. 将孩子带入广阔的空间，给他们提供交往的机会。

即使父母感到孩子交的朋友在人品或性格上有缺陷，也不要强硬地制止他们交往，因为孩子无法以大人的眼光看待问题，父母要在不知不觉中将孩子带出这样的交友圈。要充分利用他们喜欢交往的心理，因势利导，正确地引导和帮助他们建立纯真的友谊。在家庭生活中，应注意给孩子留有一定的自由活动的时间和空间，为他们提供独自交往的机会。

33

如果孩子不爱交朋友,家长应该积极帮孩子寻找。比如鼓励孩子与邻近的孩子一起玩,与同事或同学的孩子一起玩。并适时和孩子讨论他们交往的情况,帮助孩子分析并作出选择。另外,要欢迎孩子的朋友到家里来。把孩子的朋友当成自己的朋友一样,采取热情欢迎的态度。让孩子的朋友感受到你对他们的支持和赏识。

3. 切勿用成人的眼光衡量孩子的同伴关系。

有的家长总是喜欢告诉孩子,要和学习好的孩子交往,或者和听话的孩子交往等。但是他们交友的方式和目的同成年人不同,看起来没有什么交友原则。如果将成人的交往原则灌输给孩子,孩子不但不会真正学会与人交往,还会受到成人功利性交往行为的副作用。

要鼓励孩子和众多不同的朋友交往,在与同伴们的交往中培养群体意识,可以克服孩子过强的个体意识。朋友之间的群体生活可以克服孩子以自我为中心的毛病,让他们遵从群体活动规则,认识到每个人的权利和义务。如果只顾自己,就会受到朋友们的排斥,孩子会看不起他,不跟他玩儿,将会促使孩子最终向群体规范"投降"。"合群"是人的重要品质和能力,这是父母无法口授给孩子的。

名人谈教育

既然习惯是人生的主宰,人们就应当努力求得好的习惯。习惯如果是在幼年就起始的,那就是最完美的习惯,这是一定的,这个我们叫做教育。教育其实是一种从早年就起始的习惯。

——培根

了解孩子最喜欢吃什么

很多家长都有这样的困惑,孩子宁可去吃各种没有营养的小食品,也不爱吃父母做出来的饭菜,还常常埋怨为什么家里的饭菜不如某某同学家做得好吃。听到这些,相信任何家长都会有挫败感。还有的孩子偏爱洋快餐和各种零食,觉得那才是潮流和美味,尽管稍大的孩子们也知道,有些饮食是有害处的,不过还是抵挡不了它们的诱惑。

中小学生正处于快速生长发育期，膳食中某些营养素，如蛋白质、铁、钙、锌、碘摄入不足的现象在某些地区时有发生，其他营养素的不足也会在特定条件下发生。因此，青少年日常饮食应多样化，以提供充足、全面、均衡的营养，保证身体发育所需。青春期饮食应注意哪些方面呢？

1. 注重饮食多样化，在食品造型上给孩子新鲜感。

孩子挑食是每个家长都遇到过的情况，比如，孩子明明已经吃得很多了，感到很撑了，还硬要劝孩子多吃点；或者完全不管孩子的营养过剩的问题，养成了很多小胖子，当孩子们认识到自己体型问题的时候，往往就会刻意少吃东西了；还有的时候，宾朋满座，孩子觉得自己已经长大了，可家长还是像对待孩子一样不停地劝其多吃，为其夹菜，孩子会觉得很没面子，自然不爱吃东西了；更多时候，是孩子不喜欢某种食品的造型和味道。这时就要家长花些心思改变孩子对这种食物的看法。

35

豆豆今年 11 岁了，正是长身体需要各种营养的时候，可是偏偏特别不爱吃黑木耳和胡萝卜。无论将这两种食材做成什么菜都引不起孩子的兴趣。豆豆妈妈很不理解，但是没有强迫豆豆，而是问豆豆为什么不爱吃这种东西呢？豆豆说："黑木耳的样子好像从地狱里长出来的，胡萝卜味道很奇怪，又不甜又不咸。"于是妈妈有一天趁着小朋友在家里玩，做了一顿丰盛的午餐招待豆豆的朋友，餐桌上就有一道黑木耳拌的凉菜，豆豆的朋友很爱吃这道清凉爽口的凉菜，豆豆惊讶地看着朋友。这时，妈妈不失时机地说："豆豆，你看，这黑木耳的形状像不像大地的耳朵呀？"豆豆果然从此不再反感吃黑木耳了。妈妈又把胡萝卜搅碎，和其他蔬菜混合做成颜色艳丽、口感松软的蔬菜小饼，也让豆豆从此爱上胡萝卜，对妈妈更崇拜了。

2. 保证鱼、肉、蛋、奶、豆类和蔬菜、水果的摄入。

青春发育期对蛋白质的需要尤为突出，每日达 $80\sim90g$，所以膳食中应有足够的动物性食物和大豆类食物，维生素 A、B、C、D 族及钙、磷、锌、铁等矿物质对青少年的体力及脑力发育具有重要的作用，尤其是钙的摄入，所以膳食中不可缺少奶及奶类食品。

3. 饮食结构忌单一，要涉及各种营养。

对于女孩子来说，由于社会风气和习俗影响过多注重自己的体型，盲

目减肥甚至节食,可能会严重影响孩子的摄食行为,而女孩子的生理发育特点又要求摄入脂肪不能过少;少女每天能量供给的 25％～30％ 应该来自于脂肪,其中动物性脂肪和植物性脂肪的比例为 1：2 最好;有益健康的零食有牛奶、酸奶等奶制品,各种新鲜蔬菜和水果及花生、核桃等坚果类食品。此外,吃零食的量不要过多,不要影响正餐。

4. 养成吃早餐的好习惯。

一日之计在于晨,早餐对一天的学习效率非常重要。必要时课间加一杯牛奶或豆浆;营养充足的早餐不仅保证了青少年身体的正常发育,对其学习效率的提高也起到不容忽视的作用。

5. 对于学业繁重的孩子,期间更要注意营养和饮食的安排。

脑力劳动对营养的消耗等同于体力劳动。人体处于紧张状态下,一些营养素如蛋白质、维生素 A 和维生素 C 的消耗会增加。要注意这些营养素的补充,像鱼、瘦肉、肝、牛奶、豆制品等食物中就含有丰富的蛋白质和维生素,新鲜的蔬菜和水果中含有丰富的维生素 C 和矿物质。

名人谈教育

事实上教育便是一种早期的习惯。

——林肯

了解孩子最信任的人是谁

家长有没有想过这样的问题,如果问孩子们生活中谁最值得信任,孩子们会怎么回答呢?八成孩子的首选不是妈妈。也许有人不相信这样的结果,事实上,近日某小学做了一项调查,调查结果显示,排前三位的是爸爸、同学、妈妈,80％ 的孩子首选不是妈妈。

这个结果可能让家长大跌眼镜。据了解,这项调查是在该小学四年级至六年级 580 多名学生中展开的,要求学生写出 4 个生活中特别信任的人。其中,把"妈妈"作为信任首选的有 99 名学生,只占总数的 17％,排在"爸爸"和"同学"之后,列第三位;首选爸爸作为特别信任的人有 160 人,占

总数的 27%，排在第一位；首选同学的有 126 人，占 21%，排在第二位；首选老师和朋友的分别为 100 人和 49 人，排在第 4、第 5 位。

那么，是什么造成了这些每天为孩子操碎了心的母亲，在孩子们心里的信任度还不如同学呢？因为许多母亲不知道怎样和孩子交流。家长应改变控制孩子的意愿，尊重孩子，在态度上以朋友相待；让孩子有时间有空间做自己的事，体验成功的喜悦、失败的痛苦；孩子犯错时，母亲批评要就事论事，引导他怎么做，而不是数落、责骂；孩子高兴的时候、伤心的时候、遇到困难的时候，母亲不要错过关心孩子、倾听孩子的机会。

在这次调查中，一位叫小童的五年级女孩填写的 4 个"特别信任的人"依次为：爸爸、老师、同学、妈妈。当问到为什么把妈妈排在最后时，小童说："因为妈妈也不信任我。"接着小童又说了她的心里话，她妈妈爱唠叨，经常说她幼稚，还经常说"小孩子不懂事，瞎掺和啥？"因此，她对妈妈很反感。但她爸爸不一样，她爸爸说话总能心平气和，所以，小童有什么心里话都愿意和爸爸说。

六年级的小涵首选同学为最信任的人。他说，在家看会儿电视，妈妈害怕影响学习；上网玩会儿游戏，又会担心我沉溺网络；什么时候吃饭、睡觉都得她拿主意。所以，还是同学和好朋友之间能互相理解。

小凡是个还算乖巧的孩子，今年 10 岁，妈妈拿到问题调查表，其中有一道题目是让自己的孩子说出自己对家长和老师想说的话和建议。她把小凡叫过来，原以为她会很痛快地说出来，没想到，孩子却说："反正你又做不到，说了也白说，我还是不说了。"

孩子的这些反应和回答，常常让大人在不知所措的同时颇为伤心。因为没有什么比父母发现不了解自己的孩子，孩子不信任他们更有挫败感的了。一般孩子不信任家长，是由以下几个原因引起的：

1. 家长没有给予孩子应有的信任，和他们的心灵空间，不尊重孩子，不让孩子有自己的思想和独特的见解，非要让他按照家长的意愿来做这做那，而且有时候总想干涉孩子的隐私，使孩子觉得自己跟家长间产生了隔阂。比如家长偷看孩子的日记本，偷翻孩子的书包、抽屉等，还自以为孩子没有发现。

2. 家长常常对孩子作出承诺，却因为种种原因不能实现诺言，事后却

不向孩子道歉,而是找借口推托,损坏了自己在孩子心目中的形象。答应陪孩子去游乐园或去买东西,可是因为某些原因没有去,事后却认为没什么大不了,根本不向孩子道歉。

3. 家长总是以一种怀疑的态度来对待孩子所做的事,不信任自己的孩子,再加上不经常和孩子沟通,便让孩子对父母失去了信任。

4. 家长总是以自己的或长经历去要求孩子。缺乏教育孩子的知识,用传统的教育方式束缚孩子,而不去考虑孩子在不同年龄段,生理、心理的变化特点,不了解孩子的心理需求,和孩子之间产生了代沟。比如有的孩子想要买一些流行的服饰,但是家长却认为很"另类",断然拒绝。

5. 很多家长以为供给孩子吃喝和好的学习环境就足够了,不能多陪陪孩子,而是用物质上的满足来补偿,但是这样也会使孩子很失望。比如孩子过生日家长也不回家,只是买了豪华的礼物给孩子,但是孩子根本不会快乐。

38

名人谈教育 📖

习惯真是一种顽强而巨大的力量,它可以主宰人生。因此,人自幼就应该通过完美的教育,去建立一种好的习惯。

——培根

了解孩子最近的变化

大人总是喜欢用这句话形容孩子:孩子长大了,翅膀硬了,不听我的了。年轻的父母经常产生这样的疑惑:自己的孩子怎么啦?过去的乖孩子怎么变成"刺儿头"了?穿前卫的服装,留新潮的发型,满口"酷毙"、"帅呆";喜欢震耳欲聋的摇滚乐;情绪多变,易怒好斗,总想显示自己的力量;给抽屉上锁,或用带锁的日记本;往往说不了两句话就是"你不懂",和父母的距离越来越大。望着日益陌生的孩子,父母既感到手足无措,又充满了失落感。这是青春期的少年所特有的行为特征,是他们走向成熟的标志,社会的发展又为他们刻下了鲜明的时代烙印。

其实迷茫中孩子是很希望有一个能够信任的长辈给予关怀和指导的,

只是大多数长辈无法取得孩子们的信任。不是孩子变化快，只因很多家长不明白缘由。

青春期的孩子一般都有如下特点。

1. 追求独立自主。随着少男少女自我意识的形成，他们的独立意识急剧增强，他们不再被动地听从父母的教诲和安排，表现出"顺从"和"听话"，而是渴望用自己的眼睛看世界，用自己的标准衡量是非曲直，做自己的主人。

2. 情绪会严重波动。他们既会为一时的成功而激动不已，也会为小小的失意而抑郁消沉。他们情绪多变，经常出现莫名的烦恼、焦虑。

3. 学会"锁"住隐私。进入青春期，少男少女结束了"少年不知愁滋味"的孩童时代，进入了"多事之秋"。此时由于心理的不断发展，他们的情绪自控能力比孩提时有了比较大的提高，学会掩饰、隐藏自己的真实情绪，出现心理"闭锁"的特点。

4. 心理向成熟过渡。青春期是长大成人的开始，是由不成熟向成熟的过渡。这一过程对他们来说是漫长而痛苦的。此时，他们既非大人，又非孩子，原来的孩童世界已被打破，但新的成人世界又尚未建立。因此，他们的内心充满了矛盾和冲突。比如理想与现实、爱好与学业、感情与理智、自尊和自卑等。

5. 行为易冲动。美国和加拿大学者的最新研究指出，人的大脑中有一个重要的控制中心，负责控制感情和冲动，要到成年早期才能完全成熟。换句话说，在青春期青少年的大脑中，控制神经尚未发育成熟。这是他们行为易冲动的原因。

针对这些情况，家长要想让孩子听你的，就要了解孩子的心理特征，把他们当朋友，取得孩子们的信任，保持平和的心态，用积极的态度、科学的知识、正确的方法引导孩子。父母要掌握一定的教育学、心理学方面的知识，特别是与青春期相关的知识，从科学的角度为孩子提供心理辅导和行为帮助，起到雪中送炭的作用。这样，孩子才能心服口服，最终由"信其师"到"及其道"。

不要对孩子的变化横加指责，先要理解、接纳孩子。孩子出现的一系列身心变化，孩子自己也是始料不及、难以控制的，此时特别需要父母的理解和接纳。千万不要看到孩子的某些变化，或者发现孩子的反常行为就大呼小叫，更不要对其打骂训斥，否则，只会加剧孩子的逆反心理，增加与父母的隔阂。多和孩子讨论他们感兴趣的话题,并且不要以大人的视角妄下定论,或强行命令。民主型的家庭教育模式最有助于孩子的成长。

德国的托马斯·白厄尔是一位教师,同时也是一位父亲,他在《青春期的恐怖》一书中,向家长提出 10 条"教育青少年的正确方法"。其中包括:不要对他们提过高的要求;不要指责他们的业余爱好、穿什么衣服、喜欢的音乐或活动的圈子;不要干涉他们喜欢美国摇滚还是流行音乐;不要阻止他们喜欢的体育活动;不要盘问、猜疑孩子,让他们保持自信和自尊;不要过多干涉孩子的私事和自由,让他们感觉到独立和宽松等。

名人谈教育

君子有三乐,而王天下不与存焉。父母俱存,兄弟无故,一乐也;仰不愧于天,俯不怍于人,二乐也;得天下英才而教育之,三乐也。

——孟子

40

顺应孩子的天性,依照兴趣培养孩子

唐代著名文学家柳宗元写过一篇《种树郭橐驼传》,其中有这样一句话:"能顺之天以致其性。"是说要想种好树,就要顺应树木的天性。爱之太深会导致树木之性"日以离"。柳宗元的这篇文章是借树论人,讽刺了当时官吏繁政扰民的现象。其实植树和树人的道理是相通的,教育孩子也应该顺应自然规律,不能太过或不及,更不能人为地束缚和戕害孩子身心,不能揠苗助长,也不能恨铁不成钢。教育是一项复杂的工程,也是技巧性很强的工程,无论采用什么方法,其根本应该是不扼杀孩子的天性。

杨涛的妈妈一直从事艺术教育,所以在孩子刚念小学的时候就为他请了钢琴教师。然而不久夫妻俩就发现,孩子虽然继承了他们感受音乐的"耳朵",但是他对自然界的现象更感兴趣。每当带他参加学校里大学生的活动时,他总爱缠着理科的学生问许多问题,然后自己去找化学、物理教科书看。这种"主动",与扭头巴望着练琴时间赶快结束的他判若两人。

开始杨涛的父母很不以为然,还是盯着他去完成每天的练习曲,只是

并不阻止他看各种化学书或者鼓捣家里一切可以成为他的"化学实验品"的东西。结果不久杨涛的父母从孩子的同学那里听说，儿子的化学知识已经达到初三学生的水平了！惊讶之余，杨涛的父母重新审视自己的教育方法并且请教了有关的专家，最后采纳了"顺应孩子的兴趣与天赋，让孩子自己选择课余爱好"的建议。

现在，杨涛由于电脑和化学成绩优异已被保送上了医科大学。他不仅可以天天进入他的科学世界，而且还能按照妈妈的要求，以他对音乐的理解和感受为妈妈用电脑剪辑甚至改编舞蹈教学音乐，成为他们家的"权威人士"。

上到科学家，下到"泥人张"，就像老话说的，"三百六十行，行行出状元"。只要"手艺精"，不怕没有出路。与其分散注意力到很多事情上，不如集中到一件事上。毕竟人的精力是有限的，如果孩子不具有同时做好多件事情的能力，那就发挥孩子的天性，让他干好力所能及的事，一样会有一片属于他自己的天空。

没有父母不希望自己的孩子拥有美好的未来。梦的实现不只是在《阿甘正传》中才有。美国精神之父爱默生说："每个人都是天使。"天使们各司其职，各有所长。每个人都应充分利用先天赋予的特质，去发挥自己最大的潜能。

在让孩子参加什么课外活动的问题上，很多家长感到困惑。其实，孩子有着自己先天的气质，这个是没有办法选择的事情。胆汁质和多血质类型容易形成外向性格，黏液质和抑郁质气质类型容易形成内向性格。看看阿甘的妈妈是如何用自己对阿甘的爱和鼓励，使小阿甘能在他人怪异的目光下借助支架行走自如，还使阿甘具有了良好的个性。这为他后来成为富翁打下了基础。阿甘是个乐观、积极向上的人，他没有因为不幸而个性怪僻，沉沦下去。

天下没有一无是处的孩子，无论他有着怎样的不足。内向有内向的好，有适合内向孩子发展的职业前景与机会；外向有外向的好，同样也有适合外向孩子发展的职业前景与机会。发挥孩子气质的优势，同时培养良好的个性与习惯弥补先天气质的不足。如果孩子内向胆子小，就多给孩子创造一些锻炼的机会，使孩子通过家长充满耐心、爱心的表扬、信任和期待，拥有积极向上的动力，变得自信、自尊，最终真的成为一个有着美好未来

41

的人。

名人谈教育

作为一个父亲,最大的乐趣就在于:在其有生之年,能够根据自己走过的路来启发教育子女。

——蒙田

放手让孩子去做他们能做的事

现在生活条件日益提高了,子女的数量越来越少了,但是,在对青少年的教育上也存在诸多误区,甚至是弊病,那就是溺爱,孩子的所有事情,家长都要越俎代庖,不愿放手。结果造成孩子的诸多行为能力严重退化,到最后,孩子成为高智商的"低能儿"。

班里有个男孩叫彬彬,同学们对他意见特别大,因为他换下来的臭袜子从来不洗。问他为什么,他说他妈妈不让他洗,妈妈每两天来学校一次,把他换洗的衣服拿回家洗。后来知道了这样的事情,就索性在放学之后,来到寝室直接看着他洗袜子。他妈妈知道这件事情以后还有点不高兴,经过和老师的多次交流,似乎也改变了很多。一次在家长留言册上,彬彬妈妈给老师留言,说以前总放心不下自己的孩子,总担心他不适应,受委屈,总觉得孩子还小,这个不会那个不会的,所以所有事情都悉心地帮着,通过这一段时间的锻炼才发现,儿子其实比自己想象的要独立很多,只是以前没有给孩子锻炼的机会。

孩子从出生就开始享受到无穷无尽的爱,做父母的总是为孩子操心,怕这怕那,说到底就是不相信孩子的能力。孩子刚会走时,怕孩子摔倒,便给孩子买来学步车,他们不知,其实孩子在摔倒了又爬起来的过程中学会了走路;孩子明明在离得很近的学校上学,可家长每天都要去接,大人受累不说,孩子还埋怨家长的做法让他自尊心受损,在同学面前抬不起头……孩子在一天天长大,要自己去处理一个又一个令他们头疼的问题。

　　每一个父母对孩子都有着一种"掏心挖肺"的爱，很多时候，父母如果能够适当地放手，其实更是给孩子一个自由发展的空间。不要让爱变成一个禁锢自由的笼子，放开那双保护的手，让对方自由飞翔，让其拥有自己的一片天，相信这不仅是一个选择，更是一种尊重。

　　孩子需要发展的空间，他也有思想。我认为在孩子成长的过程中，父母最需要的是对孩子的尊重和赞扬，而不是一味地包揽所有的事情。要相信：他什么事都能行，而且什么事都能做得好。这样就给了孩子最基本的信心，有了信心，再加上努力，离成功就不远了。

　　放手并不意味着放任。作为家长，没有谁不关心自己的亲骨肉，家长能够给孩子一个避风的港湾，给孩子爱。但是，如果我们能够给孩子施展自己才华和能力的空间，如果我们能够给孩子创设一片属于他们的独立广阔的天空，让他们自由地飞翔，快乐地成长，这何尝不是一种爱呢？

名人谈教育

　　学校的理想是：不要让任何一个在智力方面没有受过训练的人进入生活。愚蠢的人对社会来说是危险的，不管他们受过哪一级的教育。

——苏霍姆林斯基

43

第三章 尊重孩子才是真正爱孩子

教育孩子的前提是尊重孩子

1. 孩子也有自尊心,让孩子听话的前提是尊重他们的自尊心和个性。

很多父母缺乏耐心,对子女的不良行为焦虑不安,主要是对子女的身心发展特点和生理、心理变化缺乏了解。所以,即使主观上十分关心子女,在客观上也经常挑起与子女间无谓的冲突。

2. 尊重孩子的意见和选择。

不要什么事情都替孩子做主。要尊重孩子的意见并认真分析。把孩子当成有独立人格的人,要尊重和听取他们的意见,不仅要听,还要分析,对的采纳,不对的也能及时了解他们的想法并加以纠正。尊重孩子的选择是孩子成才的一条重要规律。无数人成长的实践证明,只有尊重孩子的选择才能促进孩子的兴趣、爱好,发挥他的特长,使之成才。

郝雷的爸爸是一位开明的家长,他和儿子之间早就订下了一条原则,凡是郝雷学习生活上的事情,比如上何种兴趣班、报考哪所高中,爸爸的意见都是参考,最后决定权在郝雷那里。"其实孩子还是挺成熟的,知道目标要跟着现实逐步提高,他小学、初中上的都是普通学校,成绩并不突出,目光放在了普通高中,进入初二后,尤其到了初三,成绩一路领先,开始对杭二中有想法了。而我就是旁边的一个配角,退步时给他鼓鼓劲,进步时给他适当地'泼点冷水'。"

给孩子自主选择的权利,实际上是让孩子尽早拥有识别是非的能力,这对孩子的未来十分重要。因为选择是权利的体现。根据孩子自身的特点来鼓励和引导其成长,尊重孩子的选择,要用自己的行动鼓励孩子勇敢面对困难,面对失败。在现实生活中,鼓励和引导孩子主动去选择,就要让孩子承担由自己选择所带来的喜悦和痛苦,只有提供充分选择的机会,孩子才有个性发展的空间。

3. 尊重孩子的隐私权。

孩子有了自己独立的人格,也就有了拥有独立心灵空间的需求。要允许孩子保留一点"小秘密",包括过去和现在的"隐私"、"秘密"。当然,尊重并不是放纵,允许孩子有自己的隐私,并不是撒手不管。尊重孩子与适时引导是相辅相成的。只有尊重孩子,在关键时刻和关键场合孩子才会把真心话向家长讲,得到及时的帮助,家长才能真正保护孩子。

因为怕孩子学坏,或者其他原因。一旦发现孩子有了隐私,许多做父母的总是千方百计地去侦查,如翻抽屉看日记、拆信件,甚至打骂训斥。殊不知这种做法会伤害孩子的自尊心,造成孩子沉重的精神压力,甚至产生敌意和反抗,采取全方位的信息封锁和防备措施,导致父母与孩子关系的恶化。

想要打开孩子的心灵世界,最好的办法就是主动以平等的态度与孩子多交谈,谈父母在与他同龄时的一些所思所想、成功和挫折,甚至谈一些当初的隐私,谈自己对事物的看法和想法,倾听和征求孩子的意见和建议,使自己成为孩子可以信赖的朋友。一段时间后,孩子就会愿意把自己心中的秘密告诉父母,这样才能了解和掌握孩子的隐私,给予必要的指点和教育。

同时,孩子是在学会长大,而不能让其他人代替他长大。要培养孩子的自我教育能力。获取有关孩子隐私的信息,即使有些越轨和不良现象,也不必大惊失色、对其殴打辱骂,可以与孩子一起讨论理想、事业、道德、人生观、价值观等问题,引导孩子自己悟出为人处世的真理,提高孩子按规范调整自己行为的能力。

名人谈教育

教育技巧的全部诀窍就在于抓住儿童的这种上进心,这种道德上的自勉。要是儿童自己不求上进,不知自勉,任何教育者就都不能在他的身上

45

培养出好的品质。可是只有在教师首先看到儿童优点的那些地方,儿童才会产生上进心。

——苏霍姆林斯基

爱和尊重不能混为一谈

相信世上没有不爱孩子的父母,然而,伤害孩子最多的恰恰是家长。因为不够尊重孩子导致孩子和至亲产生隔阂的例子已经不在少数。每个人都渴望得到别人的尊重,孩子也一样。一个孩子得到大人的尊重,长大后也会懂得如何尊重他人。健全的个性是在自信和自尊的条件下培养起来的,所以父母要尊重孩子的兴趣、爱好。就像你不能在众人面前训斥同事一样,也不应在别人面前议论或羞辱自己的孩子,伤害孩子。

尊重孩子,要做到以下几点:

1. 孩子不是被剥夺权利的犯人,要尊重孩子的基本权利。

快要小学毕业的佳佳,迎来了她小学阶段的最后一个暑假,可是,这个暑假却让她感到痛苦。因为父母定了新家规:在家只能说英语,否则就要受罚。和客人交流也只能说英语,即使客人用汉语和她说话,她也必须用英语作答。除了这种家规,父母还给她制订了军事化的作息时间表,直到暑假结束。即便在生病时,也要严格执行,美其名曰磨炼孩子的意志力,培养孩子的好习惯。

人有选择才会感到身心舒适,被强迫时对任何事情都会有逆反心理。"父母皆祸害"网络讨论小组的出现,就是再直白不过的证明。教育就是培养好习惯,这没错。但所有的事,都必须适度,也就是掌握平衡。教育也同样,爱孩子首先要尊重孩子,否则教育难有成效。每一个父母,都曾有过自己的童年,最美好的回忆,还是那能自由支配的童年时光。请父母——已经长大的孩子,别忘记这个常识。

46

2. 人生的不同阶段教育有不同的侧重点，要遵循孩子成长发展的自然规律。

每个父母都不该重蹈揠苗助长的覆辙。教育家卢梭说过："大自然希望孩子在成人以前，就要有孩子的样子。如果我们打乱这个次序，就会造成一些果实早熟，它们长得既不丰满也不甜美，而且很快就会腐烂。就是说，我们将造就一些年纪轻轻的博士和老态龙钟的孩子。"其实，孩子们需要的是一个自然发展的时间表，父母应让他们逐个地、循序渐进地走完每一个发展阶段。

3. 孩子总是要脱离父母监护的，要尊重孩子的独立人格和自我意识。

很多父母不管什么事情总是包办代替，从而剥夺了孩子学习与锻炼的机会导致孩子什么也不会做或什么也做不好，却反而受到父母的指责与埋怨，这对孩子来说是不公平的。随着孩子年龄的增长和独立意识的增强，作为父母应通过各种不同方式以实际行动给予支持，如对孩子表示信任。自尊心是孩子做人的根本，不要以任何形式伤害它。

4. 我的地盘听我的，给孩子一定的自由空间。

为什么现在的孩子喜欢自闭，享尽荣华却反而感受不到快乐？为什么父母为了孩子省吃俭用，却得不到孩子的理解？原因就在于现在的孩子受父母支配太多、指责太多，孩子自我激励能力很弱，创造能力和想象力的发展受到压制，好奇心也受到打击，他们很难发现自我价值。同时孩子们由于过早地承受太多的学习压力，从而早早地失去了童年的乐趣，没有正常孩子那样的欢乐，这将影响他们的社交能力和其他各种能力的发展及心理发育。

5. 相信每个孩子都是天使，像赞赏别人家的孩子一样鼓励自己的孩子。

孩子不可能都是千篇一律的，孩子之间存在着一定的个体差异，这并不奇怪。可有些父母总喜欢拿自己的孩子与别人的孩子相比。当自己的孩子比别人强时，父母就沾沾自喜，反之就不停地数落、讽刺、挖苦孩子，这样很容易使孩子消沉、迷惘。你应该认真研究你的孩子，发现他们之间的差异，并且欣赏他们的特质。

当然，尊重孩子并不是一味地顺从孩子，而应追求尊重与约束的和谐统一。作为父母,要放下架子,把自己放在与孩子平等的位置上,努力寻求与孩子心理上的沟通与默契。爱孩子,尊重孩子,使他们从中感受到父母的爱和自身的价值,并由此学会尊重父母、尊重他人。

名人说教育

教育者的关注和爱护在学生的心灵上会留下不可磨灭的印象。

——苏霍姆林斯基

尊重孩子成长的规律

就像四季更迭,潮汐涨落,大自然中的任何事物的发展都是有规律的,人类的成长也是一样,家庭教育也一定要循道而行,尊重孩子的天性,尊重孩子的成长规律,否则将被规律所惩罚。比如,很多父母都希望孩子爱读书,这当然是基于好的出发点。然而也有很多父母在孩子读书的问题上并不十分尊重孩子的意愿,有的甚至采取粗暴干预的态度。有的父母认为孩子读童话太幼稚,不真实,读书就要读名著,读经典作品,或者把阅读当成提高写作水平的工具,忽略阅读对孩子全面发展、健全人格培养的作用。

教育孩子,让孩子接受知识,不该是一个痛苦的过程。只有遵循着孩子的成长规律进行教育,孩子心情才会愉悦,接受东西才能更快,将来才会成为国家的栋梁之才。

齐齐今年 9 岁,是三年级的学生,成绩在班里一直是中上等。齐齐的父母对孩子的期望很高,所以对齐齐中上等的成绩很不满意。为了使齐齐成绩能够快些提高,父母没有顾及孩子 9 岁这个年龄阶段的生理心理特点,给他订了一个满满当当的学习计划,把他所有的时间都用于学习上。为了让齐齐照着计划做,他的父母还轮流监督他学习。在这个学习计划执行一段时间后,齐齐的考试成绩不仅没有上去,反而下降了两名。

在少年阶段,培养孩子的学习兴趣和好的学习习惯更为重要。父母应该根据孩子各个成长阶段的特点,对孩子进行正确的教育,向孩子提出合

理的要求,让孩子学到该年龄段应该学会的东西,养成良好的习惯等,这些对孩子今后的发展有着巨大的作用,是孩子将来成功的基石。

何时管教,怎样管教,何时放手,让其独立,都要随孩子的自身发展需求而定。因此,父母一定要了解孩子的成长规律,不能因为疼爱孩子,怕孩子受伤,对孩子事事包办,限制孩子一切课外的事情,这样最终会导致孩子失去起码的生活能力,并且养成高高在上、目空一切、不服管教的习惯;也不能无视孩子的生理、心理发育特点,像上例中齐齐的父母那样对孩子要求过高,揠苗助长,这样时间长了,孩子不仅容易受挫,同时还会因为经常达不到父母的要求,形成自卑的心理。上面的两个极端都不利于孩子身心的健康成长。

教育方式不是一成不变的,孩子的成长有规律,父母的教育方式也应该随之进行相应改变,这样的教育方式孩子才易于接受,同时也会及时学到应该掌握的东西。建议家长一定要考虑到孩子发展的自身特点,在教育过程中尊重孩子的发展规律,主要应注重以下几点:

1. 对孩子的期望值不要过高。

很多父母对孩子总是有没完没了的要求,他们不顾孩子的年龄特点,向孩子提出过高的要求。孩子没有能力达到父母的标准,因此会产生自卑的心理,对学习也会渐渐失去信心,最终父母的期望也将落空。只有根据孩子的年龄特点,给孩子设定合理的期望值,才会让孩子在轻松完成任务的同时增加自信,这是父母实现期望的正确道路。

2. 循序渐进才是教育的好方法。

孩子慢慢长大,会有自己的想法,父母对孩子不正确的认识,不能粗暴地处理,否则不仅不会使孩子改变想法,还会增长孩子的逆反心理。家长应该考虑到孩子的成长特点,给孩子充分的时间,让事实证明孩子的错误,使孩子循序渐进地接受正确的观点。

3."揠苗助长"不可取。

人生的不同阶段都有不同的特点,父母首先要了解孩子的这些生理与心理特点,然后采取适合孩子特点的方法帮助孩子进步。不给孩子提出超过年龄特点的要求,不揠苗助长,孩子才会向着父母希望的方向发展。

4. 不要让"兴趣班"变成"强化班"。

"兴趣班"顾名思义是为了加深孩子的兴趣才报的班,可很多家长却不顾孩子的感受,盲目替孩子作决定报辅导班。现在的孩子本身学习的任务就很重,如果父母不顾及孩子的年龄所具有的能力、孩子的学习压力,看别的孩子上兴趣班,也强迫自己的孩子去跟着学,这样不遵循孩子的成长规律,对孩子提过高的要求,只会百害而无一利。

名人谈教育

一个好的教师,是一个懂得心理学和教育学的人。

——苏霍姆林斯基

尊重孩子的内心世界

孩子在少年阶段一个最显著的特点就是:变。生理上在变,心理上也在变。这个时候,老师常常会发现个别学生难以管教;许多家长也会抱怨孩子越来越任性。这种与常理背道而驰,以反常心理状态来显示自己高明、非凡的行为,往往来自于逆反心理。如果不能及时加以引导和教育,很有可能使青少年出现对人对事多疑、偏执、冷漠、不合群的病态性格,更严重者可能出现犯罪心理。如何应对中学生的逆反心理,引导他们培养良好的道德情操和心理品质,家长要有所"为",有所"不为"。

在这个阶段,家长应该避免以下4种错误的教育方式。①打骂、体罚。这种教育方法不但不能使孩子认识到自己的错误,还会使孩子产生强烈的抵触情绪,从而愈发倔犟、暴躁,甚至走向极端;②哄骗、利诱。这样不利于孩子树立良好的生活和学习目的性,不利于孩子健康价值观的养成;③讽刺、挖苦。这会使孩子产生自卑心理,失去学习的信心,对家长的教育产生反感;④溺爱、迁就。这会使孩子娇生惯养、更加为所欲为。

1. 哪怕是在犯错误的时候,孩子也需要支持,只有站在他的立场上了解问题,才更容易解决问题。

好多家长的困惑是拿孩子无能为力。比如,孩子死活不写作业,或者逃学。这时,家长好像遇到了天塌地陷的事一样,聚集所有的亲属一同去责怪孩子,孩子会有更大的压力,被所有的人不断地挑剔,孩子的心态会好吗? 不妨听听他们的心声,说上一句"我愿意替你保密"或"我能理解你,我一定会帮助你"。

2. 理解孩子自己独特的想法。

张女士在孩子高考前夕遇到了困难,她跟老师说:"我女儿今年高考,昨晚刚跟我吵了一架。她非要上师范类院校,将来当老师。可她成绩那么好,老师都说她是北大的苗子,做老师多屈才啊!"

"你问过孩子自己吗,她为什么想做老师?"老师问。

"也问过,可她说的理由也算不上理由啊。她说将来想过简单的生活。她喜欢读书,做老师正好能看不少书,同时每年还有几个月假期,可以到各地旅游。"张女士愤愤地说,"她这不是拿自己的前途开玩笑吗? 她完全可以做公务员、做 CEO,做老师有什么出息?!"

"'子非鱼,焉知鱼之乐',也许她的人生观不是这样的。做公务员、做CEO 并非比做老师有出息,我建议你把自己调到孩子的频道,设身处地考虑一下孩子的感受,对她的感受作反应,而不是对她选择当老师的举动作反应。"吴老师说:"让孩子跟你贴心,关键是看你的态度如何。孩子的想法下面藏着她的期待,你只有明白孩子的期待,孩子才会给你一个了解他内心渴望的机会,否则,你跟孩子中间永远隔着距离。"

3. 孩子是家庭中的一员,他需要平等的对待。要让家里的事,大人的事,和他息息相关。

很多家长太溺爱孩子了,只把孩子当成接受的对象,而没有把他们看成需要为家庭付出的一分子。家长觉得让孩子穿名牌,吃各种美食,受最好的教育就是爱他,却往往忽视了孩子"被尊重"的需求。其实,尊重孩子无非就是尊重孩子的发言权和选择权,但实际上,当孩子对家庭事务发表意见时,或者想自主做一件事情时,多数家长都会说:"你小屁孩儿知道什么啊!"在一个家庭中,作为一个"人",孩子应该有发言权,家长随意剥夺孩子的这些权利,等于没有从心底承认孩子是家庭的一员。

名人谈教育

体力劳动对于小孩子来说,不仅是获得一定的技能和技巧,也不仅是进行道德教育,而且还是一个广阔无垠的惊人的丰富的思想世界。这个世界激发着儿童的道德的、智力的、审美的情感,如果没有这些情感,认识世界就是不可能的。

——苏霍姆林斯基

请尊重孩子的思考

有一个笑话是这样的:在一所国际学校里,教师给各国的学生出了一道题:有谁思考过世界上其他国家粮食紧缺的问题?学生们都说:不知道。非洲学生不知道什么叫粮食,欧洲学生不知道什么叫紧缺,美国学生不知道什么叫其他国家,中国学生不知道什么叫思考。

某杂志曾经做过"父母心中的好孩子标准"的知心调查。全国 18 个省市的 1904 名中小学生父母回答了这个问题,其中选择听父母或老师的话的占 11.8%,而选择有思想,有主见,有独立思考问题能力的仅占 1.21%。

据市家教研究会对市内 372 名小学生及其家长所做的调查显示:68.3%的孩子说"我想做的事家长不让我做";53.2%的孩子说"我决定的事家长不听我的意见";46.8%的孩子表示"家长不站在我的角度考虑问题"。

家长和孩子的纷争常常是这样开头的:"这孩子怎么不听话呢?""为什么我一定要听你的话?"很多家长一方面把"听话"作为"好孩子"的重要标准,而另一方面在决定与孩子相关的问题时,却不听取孩子的意见。专家强调,父母应尊重孩子的意见,让他们成为自身问题的"专家"。

家长往往在孩子出现问题的时候,才会问一句:当时你为什么不如何如何?可是家长也该先问问自己,你有没有告诉过孩子呀?长久以来,孩子已经习惯了,家长没告诉过的事情,根本不会自己动脑筋去解决。独生子女普遍存在着一个不良的性格特征,就是懒惰。由于成人过分的包办代替,长此以往,孩子懒于动手动脑,不愿独立思考。家长不听取孩子的意见,伤害了他们的"参与权"。父母应多让孩子参与家庭事务决策,这样有利于培养孩子主动思考、处理事情的能力,形成更融洽的亲子关系。

平时不要抑制孩子一些稀奇古怪的想法,要擅长引导孩子,而不是一味打击。培养孩子独立思考的能力,就是不仅要孩子自己独立动手去做事,还要孩子独立地动脑去想问题。独立思考能力强的孩子,往往具有较强的好奇心。家长应该尊重孩子的好奇心,千万不要因为孩子提的问题过于幼稚而加以嘲笑,以免伤害孩子的自尊心。

凡是有成就的人,无一不是从小就擅长独立思考,自己解决问题的人。随着家教观念的更新,一些具有现代家教观、教子有方的家长,注意创造机会,从小培养孩子独立生活和独立思考的能力。家长可以给孩子讲一些科学家、发明家成长的故事,以激励孩子从小立志,培养孩子对学习新知识、探索新问题的兴趣。

53

向所有其他的孩子一样,小男孩经常缠着妈妈给他讲故事。一天,妈妈给他讲聪明的小白兔战胜可恶的大灰狼的故事。他不解地问妈妈:"为什么小白兔就是好的,大灰狼就是坏的呢?"妈妈先是一愣,接着狠狠给了儿子一耳光,她声色俱厉地说:"笨蛋,这还用问吗?"男孩莫名其妙地挨了打,却不知道自己错在哪里。那天晚上,他躲在床上想:你是大人就可以不回答我的问题,就可以不讲理吗? 你力气大就可以随便打我吗? 从此以后,他不再缠着妈妈讲故事,也失去了听故事的好奇心,但心中却留下了仇恨。13 岁时因打架伤人进了工读学校。有着研究生学历的妈妈怎么也不会相信自己的一记重重的耳光不仅剥夺了儿子的提问权,也打飞了儿子的好奇心,打跑了儿子的自尊心,给儿子的心理留下了阴影。

我国大部分家长为孩子考虑得过多,在生活上照顾得过于仔细,导致部分孩子独立生活和独立思维能力的严重不足,孩子自控能力非常差,到了大学阶段或者出国留学之后,不能很好地适应自学的学习模式,最后长期沉迷于游戏、赌博等不良状态中。最典型的是一个家庭非常富有的孩子,到了国外之后沉迷于物质的享受中,花钱没有节制,一年吃喝玩乐就花掉 100 万元,父母无奈只好把孩子接回来在家待业。

尊重孩子的思考,就要与孩子平等相处。针对一些孩子不能养成良好的行为习惯的现象,专家建议,家长在家庭里应该订立详细的"家规",家规

是约束所有人的,包括孩子和家长。孩子出现问题时,家长应该首先思考自己有哪些不足,而不是一味指责孩子。家长要尽量不在孩子面前表现出缺点,自己不能做到的事情,不要过分要求孩子一定做到。只有父母双方都积极参与到对孩子的教育中,才能让孩子全面健康地成长。

名人谈教育

凡是孩子能做的事情应该让孩子自己做,不要替代他。

——陈鹤琴

善待孩子的隐私

隐私是指不愿告诉他人,藏在心里的秘密。人人都有自己的隐私,孩子也不例外。随着年龄的增长,孩子的生活领域、知识、情感都逐渐丰富起来,自我意识、自尊意识也不断增强,原先无所顾忌敞开的心扉也渐渐关闭起来了。然而,很多父母没有意识到孩子正在长大,忽略了孩子也会有自己的秘密,总认为自己是孩子的父母,可以尽情进入孩子的世界、随意闯入孩子的"隐私",甚至粗暴干涉,拆信、监听、偷看日记等。

佳佳走在上学的路上,忽然想起昨天晚上的作业忘记放进书包里了,于是急忙往家跑。当她掏出钥匙打开家门,看到妈妈正从自己房间里走出来,脸上带着不自然的表情。佳佳走进房间去拿作业,一推门,愣住了,她看到自己书桌的 3 个抽屉全部敞开着,自己的日记本、同学们送的生日礼物、贺卡乱七八糟地堆在桌子上。

佳佳非常生气地质问妈妈:"你为什么翻我的抽屉?"

没想到妈妈却比她还生气:"怎么了? 我当妈妈的看看女儿的东西还有错吗?"

"可是你应该经过我的允许才能看!"佳佳也毫不示弱。

"小孩子有什么允许不允许? 别忘了我是你妈妈,好了,快去上学吧!"妈妈毫不在乎地对佳佳说。

后来,佳佳把书桌上的抽屉都上了锁,就连日记本都换成了带锁的。

54

　　很多少男少女会给自己用的抽屉上加把锁，好像有什么秘密。其实，这是一种独立意识的体现。他们用"锁"来宣告自己已长大成人，包括父母在内的其他人再不能随意进入自己的内心世界。

　　青春期的孩子成人化倾向明显，希望别人尊重他们的自主性、独立性；随着生活领域的扩大，知识信息的增多，他们内心变得敏感起来，感情变得细腻起来，许多想法开始在内心翻腾，原先敞开的心扉渐渐关闭，有了自己的隐私；而且，即使有不少话想说，但观点已经与长辈不一致了，于是他们与父母的心理沟通明显减少，转而向"心爱的日记本"大量倾诉内心的"秘密"，或者在信件中诉说内心的感受。

　　这种自我意识的增强，是少年走向社会的前奏曲，对正处于青春发育期的孩子的身心健康影响重大。然而，有的父母却出于对孩子所谓关心爱护，千方百计窥探孩子的隐私，一旦有所"发现"便粗暴干预，强迫孩子按照自己设置的理想模式来塑造自我。父母的这种"爱心"往往侵犯了孩子的私人空间，成为阻碍其健康成长的绊脚石。

　　如果父母为了了解孩子而侵犯孩子的隐私，往往会得不偿失。事实证明，这样做只会伤害孩子的自尊，孩子会因为自己的隐私受到侵犯而采取更极端的措施将其保护起来，把自己的心紧紧锁闭。这样，父母想了解孩子就变得更加困难了，原本和谐的亲子关系也父母破坏了。

　　毫无疑问，保护孩子的"隐秘世界"是对孩子的尊重，父母也会因此赢得孩子的敬重和爱戴。那么，父母应该如何对待孩子的隐私和秘密呢？

　　1. 在生活中，父母要密切注意孩子在态度和行为上的细微变化。

　　社会环境复杂多变，一些不健康的因素正在悄悄地腐蚀着孩子的心灵。如养成抽烟喝酒的不良嗜好，结交一些不三不四的朋友，出现晚间外出甚至彻夜不归，早恋等一些品行和心理变化，父母应及时观察和掌握孩子的这些"隐秘世界"的蛛丝马迹，以便正确地引导。

　　2. 理解沟通，尊重孩子的自尊自由。

　　孩子慢慢长大，独立人格逐渐形成，且孩子的"保密性"也会越来越强，如写日记和书信，与同学交往以及他们的谈话内容都不愿主动地向父母透露。这时的父母，可以经常主动地找孩子交谈，达到与孩子情感上的沟通，营造家庭中平等、民主、理解、宽松的良好氛围，使孩子感到和父母之间不

55

仅仅是血缘上的亲子关系,更是生活中可以信赖的朋友。

3. 有的放矢,引导孩子健康成长。

尽管孩子的自主意识增强,但正确的人生观尚未形成,是非观念不强,缺乏自我克制的能力,正值成长中的心理危险期,所以在处理诸如学业、情感、人际关系、生活等许多方面,还不可能把握好尺寸。因而父母在细心观察孩子的思想动态,掌握孩子内心隐秘的同时,要根据其性格、爱好等有针对性地采取措施,培养孩子分辨是非的能力。当孩子有了自己的爱好、理想甚至异性朋友时,更应循循善诱。

名人谈教育

自尊心是一个人品德的基础。若失去了自尊心,一个人的品德就会瓦解。

——斯特娜

请尊重孩子的人格

孩子随着生理的成熟,心理也在发展,每个阶段都会表现出不同的心理特征。7~10 岁的孩子在进入到人格的形成时期。孩子人格的形成,表现为孩子已经成为一个完全独立的人。这就要求做父母的在对孩子的教育中,必须尊重孩子的人格,保护孩子健康向上的心态。

许多父母对尊重孩子的人格不理解,总觉得小孩子有什么人格呢?其实小孩子也渴望得到尊重,怎么会没有人格呢?所以,认为孩子没有人格的父母,就不会尊重孩子的人格,也就不容易把孩子教育好。日本作家池田大作说过:"尊重孩子的人格,孩子便学会尊重他人。"在家里,父母要从小就把孩子当做独立的社会人来教育。这样培育出的孩子,走上社会就能够成为独立的社会人,并具有"后生可畏"的劲头。

在保持尊严的基础上对孩子进行教育是非常重要的。孩子是需要教育的,不经过长期的科学的教育,孩子不能成人,也不能成才。然而,教育只有在尊重人格、维护尊严、保证权利的前提下进行,才可能培养出"人"来。对孩子人格的尊重,会使孩子更加自尊,有了自尊,才可能自强。破罐子破摔的孩子,首先是失去了自尊。为什么失去自尊?因为得不到应有的尊重。在此,列出某些父母不尊重孩子独立人格的几种表现,以引起父母重视。

1. 一切行动听指挥。

父母的话就是命令,长辈高高在上,一副威严的面孔,指挥孩子的一切:"你必须好好念书,给我考大学""你必须给我上班,不爱上也得上,没商量""你的前途,服从我的设计"……这样的指挥,已经把孩子当成一架"小机器"了。

2. 对孩子全方位照顾。

父母爱孩子也不能让自己的爱像洪水一样泛滥。爱需要理智,溺爱往往会使孩子走向歧途。视孩子为掌上明珠,饭来张口,衣来伸手,吃要高档,穿要名牌,只要求念书,什么活也不用干,即使孩子该干、能干的事情,也一律由父母包办代替……在这种状态下,孩子做人的尊严被"瓜分"了,还能学会过正常人的生活吗?

3. 武断训斥,剥夺孩子的话语权。

有的父母喜欢当孩子的"领导",误把"训"当教育,天天训孩子,有事没事训几句。最令人遗憾的是,不允许孩子解释,更不许提出不同意见,只能表态:"懂了","是","我改"。这种情况下,孩子没有了尊严,没有了权利。

4. 以惩罚立威,对孩子进行过分的惩戒。

有很多父母信奉"棍棒底下出孝子"的教条,这是不对的。有的父母不只口头上对孩子进行精神虐待,还滥用体罚。调查发现,从城市到农村,有8%～12%的父母对孩子常常采取打一顿的方法。挨打的孩子,往往开始害怕,过一段时间就被打"皮"了,更难教育。触及皮肉的结果,可能造成灵魂麻木,或者造成怨恨反抗心理,孩子的人格就会扭曲。

把孩子当"人",尊重孩子的独立人格尊严,父母应努力做到以下3点:

首先,要还给孩子一种自由民主的气氛。清除头脑中的封建余毒,改变"我说你听"、"我打你通"那种支配一切、指挥一切的错误观念。孩子必须管教,但又必须把孩子作为家庭的一个平等成员。父母与孩子,既有"领导"关系,又有"同志"关系。在施教中,要时刻提醒自己听一听孩子的想法。孩子年幼无知,认识片面,难免会犯错误。父母了解了,才好有针对性地实施教育。

其次,在理智的状态下才能更好地教育孩子。父母要学会控制自己的情感、情绪。父母对孩子的爱,天经地义,但是绝不可信马由缰,使其走向极端。任何事情,物极必反。面对孩子,父母应有一种自控意识,保持清醒的头脑。即使在孩子令自己非常生气的情况下,也要暗示自己:我如果失控,教育就会失败。

最后,在尊重孩子的前提下,父母要鼓励孩子承担一定的任务,让孩子拥有自主权、选择权,独立完成。当预见到任务中可能出现的困难时,父母可先让孩子想办法解决;若完成任务确有困难,父母要采取"帮助而不是替代"的方法,去帮助解决。这对培养孩子的独立性、创造性、不畏困难的精神、健康的自我意识等良好个性,有着积极的作用。

名人谈教育

善于鼓舞学生,是教育中最宝贵的能力。

——苏霍姆林斯基

不要强迫孩子听自己的话

做父母的一定要记住:千万不能以爱的名义,对孩子进行强制性的控制。这不仅是对孩子的不尊重,也是对他心灵的伤害。如果孩子长期受到这种伤害,那么他就不会聪明、快乐、有自信,人格也会有缺陷。就像我国教育学家孙瑞雪所说的:"如果你不知道怎样教育孩子,那最好的办法就是闭上你的嘴,管住你的手,不要管教孩子,不要限制孩子,给他充分的自由和爱。"

自从进入初三以来,蒙蒙便没有了自由,不能自己支配时间,整天埋在书桌上那半尺多高的书堆中。妈妈把蒙蒙刚买的羽毛球拍没收了,挂在墙上的明星画也被没收了,换成了"学习计划"、"十不准"的规则和一抬头就可以看见"快学习"的警告条。爱看电视的蒙蒙也得向电视机说"拜拜"了。每天放学回家,除了吃饭以外,蒙蒙都被关在小书房里,而且每天不到深夜一点钟不许睡觉。

58

记得有一次,蒙蒙把老师布置的作业、妈妈布置的作业都完成了,把明天要上的课也预习了,正好妈妈又不在家,蒙蒙于是轻松地伸了个懒腰,顺手打开那久违的电视机。不料刚刚打开电视,妈妈就回来了,她沉着脸,对蒙蒙吼道:"不去搞复习,你还有时间看电视?你看彩霞姐姐都考上了县一中,你看你这样怎么比得上她,肯定连高中都考不上……"后面的话,蒙蒙一句也没听进去,委屈的泪水顺着脸颊流下来。蒙蒙快步跑进书房,看着"快学习"的纸条发呆。

不久,妈妈进来了,一只手搭在蒙蒙的肩膀上,语重心长地说:"不是妈妈逼你,而是你要明白,明年就要中考了,你得抓紧学习,考入高中,也去了妈妈的心病啊。"妈妈看看旁边那一沓试卷,转身走出去说:"你要明白父母的苦心啊!"砰!门关上了。接着,妈妈送进一些水果放在桌旁说:"你也这么大了,要想想自己以后的前程。"然后又"砰"的一声关上门快步出去了。

从本案例可以看出:蒙蒙的妈妈认为自己对女儿体贴入微,照顾周到,而蒙蒙却不领情,令人伤心。其实,蒙蒙不是故意与父母为难,很多不愉快是由父母的教育方式不当造成的。蒙蒙的妈妈当然是爱女儿的,但她的教育方式有很强的专制成分,对女儿管得太严、太苛刻,这等于剥夺了孩子的自主权,从而遭到反抗也是很正常的。

家庭教育指导师晁立志说,不少家长教育孩子时,表现得像个"遥控器",因而再多的"我都是为你好",孩子也很难接受。如果家长的苦心不能用孩子能接受的方式传达给孩子,那反而会激起孩子的逆反心理。所以,家长教育孩子时,不是掏心掏肺就能打动孩子,关键要选择孩子能接受的方式。对不听话的孩子,做父母的应该从以下几点做起:

1. 先反思自己,看是不是你对孩子管得太多了、替他做得太多了,把你的意志强加给他了。

2. 以温和的口气询问孩子:他到底想做什么,觉得哪些地方受到伤害了,才会有如此激烈的反应。

3. 在家里给孩子开辟一个独立的空间。或者是一个大柜子,或者是一个安全的墙角,把他的积木、毛绒小动物,允许他破坏的玩具汽车、娃娃,可拆装的小木车,家里不要的小家电、小摆设都给他,让他随意玩耍。但给他一个规定:除了这些,不能去破坏家里的其他物品。

4. 父母在批评孩子时,要允许他辩解,让孩子说出自己的理由。父母

同孩子处好关系的 100 妙招

越尊重孩子,在一些大事上,孩子就越会思考,越会听话。

5. 绝不可当着别人的面,用埋怨、训斥的口气去否定孩子,强迫孩子听话,这对孩子的心理造成的伤害是不可估量的。

那么,怎么才能做到疏导,而不是去强迫孩子呢?

首先,要时刻信任自己的孩子。

父母越信任孩子,孩子就会越信任父母。否则,他就会对父母撒谎,进行反抗。比如有些父母,因害怕孩子交上坏朋友或异性朋友而不给孩子自由的空间,甚至不择手段地了解、侦查孩子的动向,监听孩子的电话,偷看孩子的日记和信件。这些行为,不仅不能达到教育的目的,反而会引起孩子的强烈反感,严重伤害孩子的感情,导致孩子作出对抗父母的行为。

第二,要尊重孩子的独立人格。

父母与孩子之间应是真诚、平等的朋友关系,而不是"上下级"关系。父母千万不要把孩子当做自己的附属品,要让孩子从小学会独立自主,学会自我管理、自我约束。

第三,要给孩子创造自由空间。

父母要给孩子一定的时间和空间,不要过分看管,更不应实施监控。孩子有权拥有一定的隐私,父母不必对孩子事事清楚。该让孩子自己做的事就应让他自己去做,该孩子自己管的事就让他自己管。不要把给予孩子的时间和空间当做是对孩子的施舍。

名人读教育

教育的实质正是在于克服自己身上的动物本能和发展人所特有的全部本性。

——苏霍姆林斯基

信任是面对孩子隐私的关键

很多家长从来没有从内心认可孩子是一个独立的"人"这个事实。觉得"孩子,根本不懂什么是隐私"。另外一些人则认为"我是你爸,关于你的一切,我都该知道"。孩子喜欢被当成大人对待。因此,父母应该给孩子一些空间,允许他们拥有自己的隐私。

14岁的鹏鹏遇到了这样的苦恼:正处在青春期的他,在和父母的相处中,最大的障碍就是感觉自己的隐私被侵犯了。他说:"从上初中开始,他们就把我管得特别严。同学来电话都得让他们先接听,确定不是女生才转给我。书包更是每天都要搜查,看里面有没有跟学习无关的东西……我知道他们也是关心我,怕我分心,功课退步,可这样做真的让我很难接受,感觉自己一点隐私权都没有了,就像个犯人一样。"

放手信任孩子并不意味着失去了对孩子的了解,最有效的沟通方式是建立起亲密的信任关系,这对家庭教育来说是非常重要的。教育从根本上而言是一种关系,良好的教育依靠关系维系。教育者与被教育者之间如能保持和谐、融洽的关系,则胜过一切教育。试想,如果孩子在心中坚信,"妈妈是尊重我、信任我的",这要比所有"侦探手段"都管用。反之,孩子一旦发现自己的隐私遭到偷窥,则势必在相当长时间内,影响到父母对孩子教育的效果。

也许父母从来没想过孩子需要什么,在中小学生眼中,"平等"与"值得信任"是评判父母的重要标准。据中国青少年研究中心所做的"中国青少年学习和生活现状与期望"调查显示,在中小学生最喜欢父母的10种做法中,位列前3位的是:信任我(63.5%),说话算数(49.2%),让我平等参与家庭生活(31.7%)。

要教会孩子形成自制力。在对孩子的教育中,家庭是最根本的力量;而努力完善家庭教养的方式与风格,是建立真正和谐家庭关系的前提。未成年的孩子并非处于"无意识"状态,他同样会自我教育、自我成长,如果他认为从父母那里获取的养分是充足的,他会主动和父母交流自己的困惑与矛盾,并充分听取长辈的意见。而在家庭功能失调的氛围中,更容易出现"问题少年"。

强硬的措施只能适得其反。靠偷看、查阅孩子的个人信息,并一味进行干涉与禁止,肯定不是最有效的途径。心理学中有一个"禁区效应",父母越是明确禁止孩子上网、收发手机短信,孩子越会对这些资讯产生好奇心。关键问题在于,父母如何有效化解"禁区效应",教会孩子辨别各种信息,并在对信息无法作出辨别时,更主动地求助于父母、师长。

61

当然,信任不意味着放任自流。未成年人需要长辈的引导,正值青春期的孩子,更需要老师、家长适时地为其把握航向。父母可利用假期,多和孩子结伴外出旅行,在旅行过程中敞开心扉、充分交流,培养起亲密的"亲子关系"。同时,应尽可能和孩子的老师保持联络,经常与老师探讨孩子的成长问题,这是了解孩子的最好方式之一。

名人谈教育

父亲和母亲是如同教师一样的教育者,他们不亚于教师,是富有智慧的人类创造者,因为儿子的智慧在他还未降生到人间的时候,就从父母的根上伸展出来。

——苏霍姆林斯基

第四章　做孩子的亲密朋友和楷模

重视自身教育为孩子树立榜样

　　父母是孩子为第一任老师。由于父母与子女朝夕相处,父母的一言一行都会在孩子的心灵深处埋下种子,对孩子的未来产生重大而深远的影响。孩子的思想观念、政治信仰、行为习惯、兴趣爱好都会或多或少带上家庭的烙印。因此有人说"孩子是父母的影子"是不无道理的。出身书香门第的孩子自幼就爱好读书;武术世家的子弟从小就喜欢舞枪弄棒,这就是例证。相反,一个家长自己就有酗酒、赌博、小偷小摸、不讲社会公德等恶习就很难培养出子女的良好习惯和高尚情操来。在日常生活中我们也时常看见类似这样的场景:

　　上了地铁,刚刚找了个空位坐下,发现对面座位的地板上有一张纸巾,纸巾上有几片柑皮,还有几片更小的柑皮散落在纸巾以外的地板上。往上望,原来这堆垃圾是一对母子制造的。他们俩正起劲地吃柑呢。年轻妈妈手里的柑肉吃完了,一块柑皮扔向地上的纸巾处……她又掏出一张纸巾,擦嘴,再扔……孩子也跟着扔……

　　也许对我们来说,这种情形已经见怪不怪了。但是它留给人们的思考却是深远的。因为它的背后隐藏着一个重要的教育话题,即为人父母者应该怎样给孩子做好榜样。父母在为孩子选择好的榜样时要注意哪些方面呢?如何才能帮助孩子把握好交往的"度",找到合适的榜样呢?

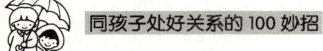

同孩子处好关系的 100 妙招

1. 让孩子看到最好的自己，处处严格要求自己，提高自身修养。

做父母的一定要事事谨慎，让自己所做的每一件事都有其价值。父母不管做什么，不管有意无意，对孩子都是榜样。孩子最善于模仿，父母如果不注意自己的小节，言行举止不当，很容易给孩子造成负面的影响。

2. 先了解孩子，再有针对性地言传身教。

这一点是很重要的。父母要明确：孩子有哪些优点？哪些不足？在哪些方面有待改进？对什么更感兴趣？比如孩子在清洁卫生方面有待改进，不妨让孩子交一些卫生习惯很好的朋友作为榜样；孩子喜欢阅读，不妨让他与同样有阅读兴趣的伙伴多交往，在交往中交流读书心得等。

3. 注意孩子身边的人文环境。

一般情况下，父母不应轻易反对孩子的正常交往，不过很多父母总是希望孩子多与"好孩子"交往。但是，孩子的衡量尺度可能和父母有所偏差，尽管如此，他们的意见也还是值得考虑的。如果孩子不听父母的意见，父母应该怎么办呢？

要让孩子了解你为什么建议他这么做。一般而言，父母觉得孩子的朋友坏，无非是因为他们身上缺点较多，怕影响孩子的学习和生活，父母完全可以在尊重孩子的前提下说明自己的担忧，表明立场，只要态度真诚，孩子是会考虑父母的意见的。

4. 要及时告诉孩子行为的准则。

孩子判断是非的能力是有限的，而父母又不可能一直跟着他们，所以，父母有必要告诉孩子和朋友在一起的时候什么事情可以做，什么事情不能做。比如，父母不在家的时候，可以请朋友到家里来玩，但是不要随便翻家里的东西，要注意用电安全等。

5. 鼓励孩子选好榜样，和榜样共同进步。

榜样的力量是无穷的。"三人行，必有我师"。由于孩子各自的局限，常常是你在这点比他好，他在那点比你强，大家各有优势，不相上下。这种情况下，孩子们可以互为榜样，学习他人身上的优点，克服自己身上的缺点，同时以自己的优秀之处影响别人，帮助别人进步。父母既要鼓励孩子进步，也要提醒孩子，千万不要受别人身上的缺点或坏毛病影响，好习惯没养成，坏毛病倒形成了一大堆，这就背离了初衷。

名人谈教育

没有时间教育儿子,就意味着没有时间做人。

——苏霍姆林斯基

家风可以起到潜移默化的教育作用

　　一提到子女的教育,很多家长都会大呼头疼,打也不是,骂也不是,说又不听。家庭是孩子最基本的生活和教育单位,父母的一言一行,都是孩子的效仿源。孩子最初的行为习惯都是从父母那里学来的。因此,面对天真的孩子,父母要特别重视榜样对孩子的巨大影响作用,时时处处为孩子树立好的榜样。

　　孩子不是父母手上的木偶。家长如果一直对孩子提要求,最后只可能导致两种结果:要么孩子非常懂事,要么孩子最后选择自暴自弃。父母在日常生活中要谨言慎行,以身示教,"用榜样的力量影响孩子的成长"。下面案例中,小光的父亲一有时间就沉迷于"麻将事业"中,根本没有重视对孩子的言传身教,只要孩子不按自己的想法做事就打一顿,结果适得其反。

　　小光是个正在上初三的孩子,他的父亲是个工人,业余时间沉迷于"麻将事业"中,但他对孩子很严格,相信孩子是教出来的,苦口婆心地给儿子讲很多道理,让他好好学习,放学后不许下楼玩,作业做不完不许看电视,尊敬老人……如果违反,轻则责骂重则痛打。他认为孩子只要"管起来"就行,可他发现自己费了很多心思和口舌,却没达到预期目标:小光学习成绩中下等,对人没礼貌,情绪不稳定……这让他很失望,不知该怎么办。

　　而另一个家长却和小光的父亲不同,他是这么改正孩子不爱早起的习惯的:

　　他的儿子也是初中生,他希望儿子能每天早上起来背英语单词,可是儿子早上总是醒不来,起床晚,为了让孩子养成早起学习的习惯,他就每天

同孩子处好关系的 100 妙招

早上早早起来，然后在大厅和孩子房间门前大声读英语单词，一天孩子没反应，两天孩子还不能早起，第五天他仍这样做，没想到刚刚读了几个单词，儿子就打开房门拿着课本走了出来。以后每天早上，他们父子俩都会早早地起床看书、学习，儿子也由此养成了早起的好习惯。

那几天他没有喊儿子起床学习，只是每天早上做自己的事：大声读英语单词。他要让孩子从梦中醒来后就能听到父亲读书的声音。家长应远离要求者的角色，把自己看做是孩子的榜样，这才是对孩子最好、最生动的教育。其实父母只要把自己该做的都做好了，在孩子面前树立一个好榜样，孩子自然而然会在父母的影响下往好的方面发展。

身教的效果就像春雨一样"随风潜入夜，润物细无声"。榜样的力量是无穷的，你留给孩子好的一面，将来，孩子也会回报你他的优秀；你留给孩子不良的言行，将来，收获的多半是失败。英国教育思想家托马斯·阿诺德说过："父母的言行就是无声的老师，自觉或不自觉的榜样，强有力地发挥着潜移默化的作用。所以要想取得理想的教育功效，父母一定要以身作则，时时、处处、事事都严格要求自己，成为孩子人生的好榜样。"

"己所不欲，勿施于人。"父母希望孩子成为怎样一种人，就得首先在自己言行中争做那种人。父母是孩子终身模仿的样板，父母的言传身教，对孩子的心理发展和品性形成起着非常重要的影响。在日常生活中，成人的言行无时无刻不在影响着孩子，积极的、消极的各种影响都在潜移默化中浸润孩子的心灵，因此，在孩子面前，我们大人千万不能忽视自己的榜样作用：当你在房间看电视，而让孩子到一边做作业时，孩子会怎么想？当你经常在背后议论别人的缺点时，孩子听到后会怎么做？当你为一点小事就与别人争吵甚至打架时，你有没有想过你的孩子以后也会这样对待别人？当你随地吐痰、随手乱丢垃圾时，有没有想过你的孩子以后也会变成这样的人？当你不了解情况，就训斥、体罚孩子时，会给他们心中留下什么？

名人谈教育

所有能使孩子得到美的享受，美的快乐和美的满足的东西，都具有一种奇特的教育力量。

——苏霍姆林斯基

父母要教孩子做驾驭生活的强者

在这个竞争激烈的社会,人一定要有狼一样的敏捷和主动性才能拥有一席之地。强者不是宠出来的,也不是惯出来的,而是在逆境中成长,在历练中成熟,才能在竞争中脱颖而出。父母要鼓励孩子成为生活的强者。心态决定命运,狼之所以成为动物界的强者,是因为它一出生就强烈地意识到"我要吃肉"。社会正处在转型期,像羊一样"听话"、安于现状的人是难以适应未来社会的激烈竞争的,父母要想把孩子培养成为未来生活的强者,首先要让他们具有强者的心态,像狼那样坚持"我要吃肉",绝不吃草。这就要求从多方面培养孩子的综合能力。

1. 让孩子学会独自处理生活中遇到的问题。

动物面对的自然环境往往是很残酷的,学不会本领就意味着死亡。在小狼刚有独立能力的时候,母狼就会坚决让它独自去执行任务,"狼心"地让它们去面对凶险的环境,在实践中磨炼意志和品质。一只真正的狼,就必须具备独立处理一切突发事件的能力,否则只能成为一只等待宰割的羊。

2. 教会孩子勇于面对竞争,迎接挑战。

机遇和挑战是双向的。机遇总是青睐那些时刻准备竞争的人,同时机遇也常常伴随着风险。狼的危机意识强烈,时刻保持着竞争、战斗状态,时刻准备着应付危机。结果,它们处理危机、应付风险的能力非常强,经常化险为夷,战胜对手。父母要培育孩子的竞争意识,督促他们抓紧时间,广泛学习,增强实力,以竞争的心态时刻准备着接受各种挑战。

3. 让孩子懂得尊重对手的实力。

"知己知彼,百战不殆。"只有尊重对手,才能充分了解对手。狼尊重对手,所以从不打无把握的仗,在激烈的生存竞争中,总能战胜强大的对手。真正的强者是尊重对手的,因为只有对手才能证明强者存在的价值。

在告诉孩子尊重对手的同时，父母也要学会尊重孩子。前苏联著名教育家马可连柯曾经说过："一个家长对自己的要求，对自己家庭的尊重，对自己每一个行为举止的注重，就是对子女最首要的，也是最重要的教育方法。"

4. 在孩子成长的过程中，还给孩子应有的自由。

不要让孩子成为温室中的花朵。自由是强者生存的土壤，父母要想把孩子培养成为生活的强者，就应该多给他们一些自由空间。孩子处在年少好动的阶段，渴望自由是他们的天性使然，父母无论把他们看管得多紧，他们还是会想方设法去冲破种种樊篱和桎梏，就像笼子里的狼，不管你给它什么好吃的，它们永远都会处于不安分状态，不愿享受"被限制自由的"富贵"。

5. 要让孩子知道团队合作的重要性。

要想战胜强大的对手靠的不是匹夫之勇。狼在自然界里本身并不是最厉害的动物，若论单打独斗，老虎、狮子、豹子、野猪、野牛都比它厉害，但若是群体作战，即使老虎碰到了狼群也要退避三舍。几只分散的狼，一旦组合在一起，就会变成一个非常有力量的团队。这就是团结的力量。每一个人都是社会中的一员，都要在一定的集体中学习和生活，都应该对自己所在的集体尽一份责任，所以每一个人都要具有团结合作的精神。父母教育孩子千万不要忽视了这一点。

6. 责任心的培养是极其重要的。

每个人既要享受集体带来的好处，又要担负起对他人的责任。狼为了狼群的生存，会努力履行自己的职责。在狼家族里，每一只狼都能意识到自己对狼群的重要性，每一位成员都必须对自己的族群负责。它们在同伴遇到险情的时候，会毫不犹豫地上前营救。对于狼来说，履行责任就是它们的天职。

7. 谁都不可能只享有成功，要在平时就培养孩子承受挫折的能力。

人生从来不是一条坦途。父母在孩子遭遇挫折时，不仅要教他们学会正确面对，鼓起克服困难的勇气，甚至可以对孩子进行"挫折教育"，培养和增强孩子面对挫折时的心理承受能力和应变能力。

只有受过一种合适的教育之后，人才能成为一个人。

——夸美纽斯

为孩子创造良好的家庭生活环境

69

教育不仅要注重教学水平，更要考虑到环境对人的熏陶。环境对一个孩子的成长起着非常重要的作用。"孟母三迁"的故事，很好地说明了环境对人的影响，而家庭对每一个孩子的成长都起着重要的作用。事实表明，在温馨的家庭中成长的孩子往往具有较强的好奇心和探求欲望，也能充分认识自我价值，其独立学习、解决问题和适应社会的能力都比一般家庭的孩子要强。然而，在孩子成长过程中，许多家长却忽视了家庭的教育作用，使孩子输在了起跑线上。

1. 孩子的成长需要自我空间。

家长要把孩子当成家庭中的一员，很多事情应该给孩子留有参与和发表意见的权利，特别是关系到孩子的事，一定要征求孩子的意见。比如在家庭环境布置中，家长应让孩子参与设计，而孩子的房间应全权交给孩子设计布置，使孩子真正成为这方"天地"的主人。有些孩子在他的小房间的墙壁上画满了各式各样的图画，有的连他自己也不知道画的是什么，但他喜欢这样，也会从中感到快乐。这个"小世界"真的属于自己所有，会使他们感到自己和大人一样平等。

2. 让家庭成员之间形成自由民主的氛围。

孩子不是囚犯，家长更不是狱警。家庭环境若过于严肃、专制，会给孩子的发展造成压力，使其自信心和自尊心受到伤害，从而禁锢其智力的发育。创设一个宽松、民主、相互尊重的家庭环境对孩子的成长非常重要。家长不应板起面孔，用以上管下的旧教条来作为孩子的行动准则，而应放低姿态，倾听孩子的心声，以便随时激发孩子各种积极向上的因素。

3. 以身作则，为孩子做出好的榜样。

家长是孩子接触社会的桥梁。想要自己的孩子成为一个正直的人、对

社会有用的人,父母就必须以身作则,身体力行,给孩子树立一个好榜样。否则,即使用再美丽的言辞说教,也难有效果。家长是孩子的第一任老师,家长的行动感染力往往要比说教对孩子更起作用。孩子不仅要听你怎么说,还要看你怎么做,孩子不信你说的,但信你做的。"其身正,不令而行,其身不正,虽令而不从。"

4. 努力培养孩子的好奇心。

很多家长往往不耐烦孩子总是问这问那,经常几句话就把孩子打发了。久而久之,孩子的好奇心就被扼杀了。好奇心是学习的动力,能激发孩子探索、思考的兴趣,从而提高其自学能力和独立性,为日后更高层次的发展奠定良好基础。为了营造一个能够激起孩子好奇心的家庭环境,家长可以不时根据身边小事提出一些问题,引发孩子的思考;或者为孩子布置一个可以自主学习、探索研究的小天地,鼓励孩子积极动手动脑,进一步激发其想象力和求知欲,丰富其生活。

家长在教育孩子时要心平气和。父母与孩子之间的血缘关系和亲缘关系的天然性和密切性,使父母的喜怒哀乐对孩子有强烈的感染作用。孩子对父母的言行举止往往能心领神会,以神通情。在家长高兴时,孩子也会参与欢乐,在家长表现出烦躁不安和闷闷不乐时,孩子的情绪也容易受到影响。如果家长处变不惊、沉稳坚定,也会使子女遇事沉着冷静,这样会对孩子心理品质的培养起到积极的作用。

名人谈教育

使教育过程成为一种艺术的事业。

——赫尔巴特

时刻坚持以身作则的要诀

有许多父母总是喜欢喋喋不休地教育孩子,却不愿意从自己身上找一找孩子做错事的原因。孩子是父母的影子,有什么样的父母就有什么样的孩子。教育家卡尔·威特说"孩子是父母的翻版",真是恰如其分。"龙生龙,凤生凤",中国这句俗话也实在是一语中的。所以,教育孩子,"言传"固

然很重要,但光有言传是远远不够的,父母还要以身作则,进行"身教"。只有先做好自己,才能进而教育好孩子。

希望孩子越来越完善,这没有错,但作为父母不该对自己的孩子寄予过高的期望,只要不是原则问题,不必非要孩子按照大人的想法来发展。家长们有没有想过,你要求孩子抓紧时间学习,那么你自己每天的业余时间都用来做什么呢?你要求孩子在班里的考试成绩保持前几名,那么你在工作单位的业绩是不是也是前几名?你想以孩子为荣,那么你的孩子是不是以你为骄傲呢?

母亲对孩子的成长至关重要。有这样一位母亲,因发现放射性元素镭和钋先后两次荣获诺贝尔奖,并且一生对名利淡然处之,为祖国无私奉献,她会有什么样的孩子?伊雷娜·居里——著名化学家,1935 年诺贝尔化学奖得主,这位母亲的大女儿;艾芙·居里——优秀的音乐教育家和人物传记家,《居里夫人传》作者,这位母亲的小女儿。

父亲的角色也同样重要,这是一个反面的例子。有这样一位父亲,在外面是一位做事拘谨、脾气暴躁的政府职员,在家里是动不动就责打妻儿的心胸狭隘的暴君,他会有怎样的孩子?阿道夫·希特勒,罪恶滔天的"二战"元凶——这位父亲的儿子。

楚天歌是个品学兼优的孩子,虽然也像同龄人一样爱玩爱闹,但却没有很多孩子都有的厌学倾向。在他看来,学习是件再正常不过的事情,因为在他的家庭中,每个人都在学习。他的母亲是首都师范大学的一名教师。但是,她对自己却没有放松要求,在楚天歌上小学的时候,母亲再次走进了课堂,进入中科院物理所攻读博士。正是这种潜移默化的影响,让楚天歌也爱上了读书,爱上了学习。父母不仅是学习上是楚天歌的榜样,生活上也对他有着深远的影响。

动画片和电视连续剧从来不是他们家讨论的主题。当某部动画片、连续剧大范围流行,同学们都为之着迷时,楚天歌常常会不知道他们的存在。因为在家里,父母很少看电视,更不会让儿子对某个连续剧上瘾,他们极力避免让楚天歌在学习的时候脑子里总想着电视的情节。每天只要楚天歌没睡觉,家里的电视就不会开。楚天歌学习的时候,作为教师的父母自己也认真地备课。只有在楚天歌睡下后,父母才会开很小的音量看一会儿新闻。

71

同孩子处好关系的 100 妙招

　　言传不如身教，如果在孩子学习的时候，父母沉浸在一部又一部的电视剧中，又怎能让好奇心旺盛的孩子不动心？电视嘈杂声中，孩子怎会安心地思考、学习、创造？这一点上，楚天歌是幸运的。在父母给予的安静的环境下，楚天歌可以安静地思考，尽情放飞自己的想象力。成才与否固然有先天的因素，但更重要的则是后天教育。

　　最有力量的永远都是行为。在家庭教育中，父母经常会对孩子说"应该这样做"、"不应该那样做"来规范孩子的言行，可是这种空洞的说教所起到的作用往往微乎其微。而父母的一言一行，孩子都会看在眼里，并以父母为榜样来模仿。所以，父母在日常生活中，要谨言慎行，以身示教，唯有如此，才能收到良好的教育效果。

名人谈教育

　　谁要是自己还没有发展、培养和教育好，他就不能发展、培养和教育别人。

——第斯多惠

用行动告诉孩子该怎么做

　　孩子的学习模仿能力是很强的。俗话说"近朱者赤，近墨者黑"，父母的言行是孩子最直接的模仿对象。父母的行为和思想对孩子有潜移默化的作用，一言一行，都会在孩子的心里产生不同程度的影响。良好的学习习惯是孩子受益一生的财富，而习惯的养成和父母平时的表现是分不开的，所以父母自身就要做到勤奋好学，以实际行动来教育和影响孩子。

　　孙磊的父母望子成龙，一直以来对孙磊都严格要求，下班后还经常监督他学习，并且在他学习的时候自己也会安静地学习或是看报纸。可是最近两个人都迷上了打麻将，时常会邀请朋友来家里打麻将。

　　自从迷上了打麻将，他们对孙磊的学习毫不过问，不但自己不再读书看报，还影响了孙磊的学习，因为他们打麻将时会让孙磊去为他们买东西吃。时间长了，孙磊也无心于学习了。他看到父母都很爱玩，没人管，索性

72

也在自己屋里玩起了游戏。这样上课当然没精神,学习成绩自然也就下降了。

在孩子的教育中,家长要注意以下几点:

1. 通过轻松的形式告诉孩子掌握丰富知识的好处。

成功百分之九十九要靠勤奋。古往今来,凡是在事业上有所成就的人,无不是勤奋好学的人。孩子的智力差别不大,能否取得较好的成绩,关键在于学习的态度。

为人父母者要活到老学到老,要不断增加自己的知识,提高自己在社会上的竞争力,同时也可以丰富自己的内涵。勤奋好学,是孩子取得优异成绩的基础,也是弥补其先天某些不足的主要途径。父母要意识到自己和孩子勤奋好学的益处和重要性,在生活中随时将这种意识传达给孩子,帮助孩子养成正确的学习态度。

2. 父母要为孩子树立行为的榜样。

父母的行为对孩子起到潜移默化的作用,其言行会对孩子起到很大影响。所以,父母要注意自己的言谈举止,做好孩子的榜样。对孩子来说,榜样的精神是最好的激励。

林敏嘉的成绩一直名列前茅,是老师和同学眼里的好学生。她学习非常刻苦。林敏嘉的父母都是大学老师,平时也都是爱学习的人。他们的教育方式不是整日对孩子进行说教,而是以自己的实际行动影响孩子。他们晚上在家就是备课、查阅资料、写论文,空闲时还经常讨论学术上的问题。家里的学习氛围很浓厚,林敏嘉自然而然就勤奋好学了。

要让孩子从心里服从父母,父母的指导才有效率。父母的言谈举止是孩子的模仿范本。有些父母教育孩子时最经常的做法是"按照我所说的去做,而不要按照我所做的去做",但孩子们往往会在心中嘀咕:"与其叫我按照你们所说的去做,不如你们自己做一次,然后我便会照着做。"因此,父母要重视对孩子的身教。

3. 在家庭中营造浓厚的学习氛围。

环境造就人,家庭是孩子身心健康的生长环境。父母要从自身做

73

起,增加自己的文化内涵,努力为孩子创建一个具有浓厚学习气氛的良好家庭环境。如果父母爱学习,家庭学习气氛浓厚,孩子就会不自觉地养成爱学习的好习惯。在这样的家庭环境中,孩子会自觉地模仿父母的言谈举止,督促自己的行为,做到勤奋好学,教育的目的就会更轻松地达到。

4. 和孩子一起学习,共同进步。

家长在平时的生活和工作中也能感受到:信息化的加速使知识更新速度加快,要应对这样的社会,必须不断地学习。合格的父母要勇于和自己的孩子一起学习,甚至要向孩子学习。父母只有终身学习,才能和孩子保持同样的思维,才能更好地和孩子沟通、交流,缩小父母和孩子之间的代沟。父母要时刻关注新知识,不断地学习,和孩子一起成长。

5. 家长教育孩子的态度要保持一致,父母之间相互督促。

学习不是为了在孩子面前装装样子。父母要做到以身作则,为孩子树立勤奋好学的榜样,不是一朝一夕的事情,要持之以恒。父母在生活中也不是对所有行为都具有完全的自制力,也需要别人的监督和鼓励。这就要求父母之间协商好,当对方在孩子面前没能做到勤奋好学时及时地提醒,用实际行动鼓励孩子通过勤奋努力去改变现在的学习状况。

不要让孩子生活在矛盾之中。父母双方教育孩子的态度要一致,不能在一方批评孩子的时候,另一方对孩子进行袒护,这样就会滋生孩子的不良情绪。当一方教育不当的时候,另一方要学会督促和提醒对方改变教育方式。

 名人谈教育

只有能够激发学生去进行自我教育的教育,才是真正的教育。

——苏霍姆林斯基

对孩子一定要信守承诺

诚信是每个人立足于现代社会的重要资本。然而,孩子对家长的

74

不信任往往也和家长对孩子不遵守承诺有关。父母往往向孩子许下这样那样的承诺，但很少有兑现的时候。久而久之，孩子对父母的做法习以为常，也就不会去遵守自己许下的承诺。而且，当父母不能履行诺言时，孩子就会对父母的口是心非感到生气，且不再相信父母的话，久而久之，累积的怨气不但会严重影响亲子间的和谐关系，也会降低孩子对父母的信任感。

　　明明上初二了，是个聪明灵巧的孩子，就是在学习上不用心，妈妈说："明明，好好学习，如果你下次大考能进入年级前 30 名，妈妈就休假带你去看黄山。"明明听了妈妈的话后异常兴奋，非常努力地学习，最终如愿以偿地取得了良好的成绩。妈妈下班刚到家，明明就急忙跑到妈妈身边："妈妈，咱们什么时候去看黄山呀？"妈妈说："我有事不能休假，去不了了！"明明一听就急了，拉着妈妈的手说："我都已经告诉我的同学我要去黄山了，到时会给他们带好吃的，还给他们看照片。现在不去了，叫我怎么和同学说呀，人家一定会说我就会吹牛！"妈妈也对明明嚷嚷："妈妈的工作重要还是你同学重要？不去就是不去！"
　　明明还是不放弃，再三要求妈妈带他去黄山，结果妈妈一生气，给了他一个耳光，还大骂他不懂事。明明万分伤心，从此再也不相信妈妈的话了，学习上也丧失了动力。后来还是老师了解到了具体情况，跟他的妈妈及时做了沟通，他的妈妈这才明白过来，后悔当初不负责任地向孩子许诺。

　　一旦家长哄骗孩子，也就失去了身为家长的威信。父母失信于孩子，害处是相当大的。所以，作为父母一定要做到说话算数，切不可为了达到某种暂时的目的而欺骗孩子。父母与子女之间的承诺也应像与成人的交往一样认真对待。当孩子认识到自己答应了的事情就必须做到时，便有了责任感，从而督促他们学会履行责任，养成良好的道德习惯。父母许诺时要注意以下几个方面的问题。

1. 不可只靠许诺教育孩子。

　　随着孩子年龄的增长，父母可以适当减少许诺的次数。不然以后无论父母希望孩子做什么事情，孩子都会习惯性地跟父母谈条件。同时，父母的承诺必须有利于孩子的健康成长，起到正面教育的作用。不在孩子面前夸口，胡乱许诺。承诺太多而又不能兑现，使父母在孩子心目中的地位大

大降低。还要提醒父母的是,如果孩子提出一些不应该提出的要求,这时父母要有自己的原则和底线,即要把握一个"度",要清楚地告诉孩子可以还是不可以,是非分明,才能促进孩子心理健康发展。

2. 不要只是注重从物质上满足孩子,应增加精神许诺的比重。

不要让孩子只注重物质上的满足。许诺应当包括物质许诺和精神许诺。适当的物质许诺是可行的,但不能过度,否则会滋长孩子虚荣、自私等不良习性。可尽量多地使许诺与有意义的活动相连,如许诺给孩子买书籍,带孩子去看画展、旅游等,既能调动孩子做事的积极性,又能丰富孩子的精神世界,开阔孩子的视野。

3. 如果确实因为某种原因家长不能兑现当初的许诺,应该晓之以理,取得孩子的谅解。

当父母因为工作等原因影响了诺言的兑现,孩子感到失望、委屈时,父母不可强迫孩子接受许诺不能兑现的结果。应主动而诚恳地向孩子道歉,把不能兑现的原因跟孩子讲清楚,取得孩子的理解和原谅,并在以后寻找适当的机会兑现自己没有实现的诺言。即使孩子暂时无法谅解,也不能用呵斥、教训的方式对待孩子,应该允许孩子发牢骚、表示不满。有时,孩子只是因为已经把事情讲给同学朋友,怕丢面子而生气,只是一时的言行过激。美国儿童心理学家罗达·邓尼说过:"父母错了,或违背自己许下的诺言时,如果能向孩子说一声对不起,可以帮助孩子建立自尊,同时能培养孩子尊重人的习惯。"

所以,父母对孩子必须言而有信、以诚相待,这样,孩子才会对父母产生充分的信任感,才愿意把自己的心里话告诉父母。父母是孩子的镜子,也是孩子模仿的对象,也只有说话算话的父母才能在孩子心目中树立起威信来,才能避免因孩子说谎而头疼的事情发生。

名人谈教育

从什么地方和什么时候开始自我教育呢?有一句古老的格言说:"战胜自己是最不容易的胜利。"

——苏霍姆林斯基

把美德化为孩子的习惯

"十年树木,百年树人。"培养孩子成才,没有什么比道德教育更重要的了。因为,决定孩子一生幸福与否的,不是他的能力和才干,而是他的美德和品格。今天我们比任何时候都更需要道德,需要人性的光芒。尤其是孩子的成长,我们更需要在道德上给予特别关注,从正面加强引导。因为我们今天面临着从未有过的道德危机和挑战。人生成长,品格最重要,品格高于智慧,品格决定命运,品格决定幸福,品格决定品位。在幼年和少年阶段需要培养的品德主要有以下几点。

1. 爱心。

每一个父母都希望孩子将来能够孝敬自己。可是许多父母只知道一味地疼爱孩子,忽略了给孩子提供奉献爱心的机会。其实施爱与接受爱是相互的,如果让孩子只是接受爱,渐渐地,他们就丧失了施爱的能力,只知道索取,不知道给予,并且觉得父母关心他是理所当然的。有的父母以为给孩子多点关心和疼爱,等他长大了,就会孝敬父母,疼爱父母。其实这是一种误解,你没有给孩子学习关爱的机会,他们怎么会去关爱父母呢?还有的父母认为孩子的任务就是学习,其他的事情都不重要,只有学习好了,将来才会有一个好的前程,于是什么事都为孩子包办,孩子衣来伸手,饭来张口。学习固然重要,但是孩子的性格、习惯、品质、心理对孩子的成长、成才更重要,并且这些都需要在生活、学习中培养,不是一蹴而就的。

2. 守纪律。

社会规范也是一种纪律。纪律是成功的关键。家有家法,校有校规,班级也有班级的纪律。这些规定和纪律,是孩子养成好习惯的保证。家长要让孩子明白,一个懂得规矩,并且自觉遵守规矩的人,才能不断进步。风筝要想飞得高,必须由底下的线牵引着,假如没有了这根束缚它的线,风筝只会掉在地上。

3. 公德心。

公德心可以体现综合素质。在我们的身边经常会看到这样的情景:父

母带着孩子闯红灯、抢位子、扔垃圾、插队……其实，责任感和公德心是相辅相成的，由责任感而唤起公德心，由公德心而强化责任感。孩子的品德培养是个潜移默化的过程。多让孩子怀着友善的心帮助别人，不仅可以培养孩子同情弱者、帮助别人的习惯，还可以令孩子学会尊重他人、与人为善的意识和美德。

4. 友爱。

大家都生活在社会集体中，想要生活舒适必须懂得和他人合作。要让孩子学会合作，首先要让孩子有关心他人、团结、友爱的良好品德。不能与其他人很好合作的孩子大多是家长过于溺爱、娇惯，使得他们处处以自我为中心，自私、跋扈，攻击性行为较多。因此，要培养孩子学会合作，家长必须改变自己的教养态度与方式，教育孩子要关心他人，要友爱、宽容，与其他人互相帮助，遇事与人商量。

5. 诚实。

孩子都有虚荣心和好胜心，从而导致说谎，因此从小要培养孩子正确健康的竞争观念。通过言传身教，讲故事，分析身边小事，说明一些做人的道理，从平时的一些小事严格要求，让孩子了解什么是对的，什么是错的；什么是应该做的，什么是不能做的。做了错事会对自己对别人产生怎样不良影响，不良后果。让孩子明辨是非，不应该做的事不做，不诚实的话不说，当无意中做了错事，懂得诚实是一种美德，知错就改还是好孩子。

6. 感恩。

从社会大环境来看，现行的时尚文化是一种功利、实用文化。在人与人的交往中，"实用"、"功利"通常成为唯一的衡量标准，这对传统的类似于"滴水之恩，当涌泉相报"的感恩文化形成一定的冲击，导致社会大环境对感恩的自然遗忘，感恩教育明显缺失和滞后。父母光爱孩子是不够的，还要教育孩子爱别人。现在 90% 以上的父母是把自己的爱无私地倾注给孩子，而从来没有要求孩子在爱的方面回报自己。教育孩子，光有对他的爱是不够的，还应该教育和引导他爱别人。

教育人就是要形成人的性格。

——欧文

淡化教育痕迹，做到不教而教

很多家长都为同样的事困扰着：家里对孩子的教育很重视，也作出了相应的投入，当然包括多方面的投入，但事与愿违，孩子的成绩总不理想。而有的家庭投入与关注看上去都不大，但孩子却很"争气"，成绩一直很好。面对被教育者，我们应该多思考一些有效的教育方式，比如正面教育收不到预期的效果，我们就可以用"不教而教"的方式向被教育者进行渗透，达到在不知不觉中教育的目的。

1. 给孩子自由发展的空间。

野村是老太太级的日本女画家，学油画出身，在东京举办个人画展15次。她的学生是怎样评价她的呢？"老师的家非常整洁"，一个教画画的老师，本身就是美的化身，她理应美。

这样的一个画家怎样教小孩子画画呢？用同学朵朵的话说，是"不教的"。野村老师上课总是先问学生，你想画什么？想画什么就画吧！至于怎样画，老师不会说，也不会干扰你画。每当学生画完画，野村老师都会在画的背面用一手十分漂亮的日本书法写上批语，批的全是表扬，各式各样的表扬，各种角度的表扬，温暖、真诚。野村和别的老师教学不同之处还有常常安排孩子们参观画展，她会在画前向学生及家长讲讲色彩，聊聊画家。她的这种"无为而为"的做法，恰恰是学生"主动发展"最迫切需要的土壤。

2. 要引导孩子自身的思考，而不是一味地强加给他们。

孩子喜欢以自己的角度观察生活。野村老师注意引导，引导学生观察

生活,"她常常去买茄子、白菜、南瓜之类的放在桌上,让学生'写生'","会把孩子们带到屋后的小花园里,画各种各样的花草和树木","常常安排孩子们参观展览"……从生活中取材,到生活中学习,在实践中感悟,野村老师的探究引导真是到家了。"花儿开了真美丽,画吧。"有这温馨的引导,谁能不乐意去做?难怪一个学生考取了美术大学后还常常回来上课。

3. 激起孩子自身的学习兴趣。

"兴趣是最好的老师",野村老师是最能理解这句话的含义了,不然怎么会问"你想画什么"?为什么"批的全是表扬——各式各样的表扬,各种角度的表扬——温暖、真诚。"不就是避免打击学生的积极性,保护学生弥足珍贵的兴趣吗?

这些高明的做法比空洞的说教不是更能吸引人吗?这是"不教而教"教育艺术的典型。教育者用心构思,去创设一种情境,引导一种经历,让学生和孩子真正成为教育的主体,在实践中进行自我教育、感悟,完成精神的升华。这样的教育艺术多么有魅力呀!令人神往!

很多家长确实在孩子的教育上花了不少心血,可效果还是不显著。多数家长的教育思路是:总体感知—动手实践—评价反思。即家长选定一个范围,然后自己首先刻苦钻研,从内而外,由浅入深,一直研究到自己认为对这一内容了如指掌,然后再带着自己研究好的东西亲近孩子,引领着孩子将自己研究的过程再掌握一遍,孩子所学,仍然是在家长圈定的范围内,孩子天马行空的想象得不到发挥,主体性得不到体现,创新能力得不到培养,怎能成才,更何来"主动发展"一说?

有一则哲理故事,说的是年轻人向年长的智者请教,年轻人问:"智慧从哪里来?"智者说:"正确的选择。"年轻人又问:"正确的选择从哪里来?"智者说:"经验。"年轻人追问:"经验从哪里来?"智者说:"错误的选择。"

每个人从小都有自己独特的梦想。一个老人说他最遗憾的是年轻时候没有冒过险,一切听别人的,结果到了迟暮年纪,在别人眼里,他一帆风顺,规规矩矩,没走什么弯路,生活安乐。他却说,他一直生活在经验里,没有悖离过别人的告诫,如今想起来,竟然没有属于自己的决定。所以,年轻时,宁愿冒险,也不要安逸,别给自己后悔的晚年。家长教孩子,不是单纯地教知识,而是教获取知识的方法。

名人读教育

人类教育最基本的途径是信念，只有信念才能影响信念。

——乌申斯基

不要以"权威"面目教育孩子

81

孩子有自己的意志和行为，随着独立人格的形成，他们希望以自己的意愿来做事，然而，家长却希望孩子按照大人的心愿来做事。此时，家长就像压在他们头上的"一座大山"，成了他们时刻想要推翻的势力，因此家长和孩子的矛盾就会逐步升级。家长不想放纵孩子，更不想在孩子面前失去自己的权威，于是难免就会出现这样的场景：

小波在生日的时候得到一辆自行车，他非常高兴，总是在外面骑。没过几天，小波的爸爸听到有些邻居在抱怨：小波骑车把他们后院精心修剪的草坪压坏了，上面到处是一道道车印。

小波的爸爸觉得很丢面子，愤怒地对小波命令道："你怎么老给我闯祸，从今以后不许骑车到邻居家去！"小波对爸爸翻了个白眼，说："凭什么呀？"爸爸觉得小波在挑战家长的权威，一下子就被激怒了，吼道："你做错了事还敢顶嘴，早知道就不给你买自行车了！"小波生气地踢了一脚自行车，回到自己房间，使劲地摔上了门。

这样，不但问题没有解决，而且家长和孩子谁都不高兴。那么家长应该怎样处理这些问题呢？权威对孩子究竟有什么影响？当孩子逐渐长大，有了自己的人生经验和判断后，家长的权威自然就慢慢消退了。可见，权威是有局限性的，甚至可以说是孩子所赋予的，要求孩子无条件地服从自己，只能事与愿违。那么，强迫孩子服从权威会对孩子产生什么样的影响呢？

1. 反抗，挑战
2. 生气，敌意

3. 反击,报复

4. 撒谎,隐瞒自己的感受

5. 支配,欺负他人

6. 顺从,服从

7. 退缩,逃避

那么,该怎样和孩子共同解决问题呢?要想树立自己的权威,就要放弃权威,或者说放弃架子。在行动之前,家长要做好观念建设:孩子是一个独立的个体,有着独立的人格和思考能力。和孩子冲突时,尊重他们的需要和看法。父母要不断提醒自己:"我会尽可能地接纳和倾听孩子的需要,尽量避免武断、说教。"然后开始解决问题。

首先,允许孩子说出他的感受和需要。父母不要急于完成这一步,而要耐心地倾听,真正搞清楚孩子的想法。只有孩子被倾听、被理解,他才会考虑你的感受。

其次,父母说出自己的感受和需要。注意,这一步要简短、清晰,不要喋喋不休地讲述你的担心、愤怒和郁闷,这样孩子会听不下去的。

最后,大家一起商量解决问题的办法。双方提出各自的解决办法,并把这些办法列成单子,共同对每个办法进行讨论、评价,将任何一方不能接受的选项除掉,最后选出一个双方都能接受的办法。值得注意的是,父母不要评价一个想法"愚蠢",最好说"这个办法对我不公平",或者"这个办法不能满足我的需要"。

在双方平等交流的条件下得出的解决方法,不需要家长强迫孩子接受,不会导致孩子的反抗,因为这是由双方讨论得出的"共识"。值得注意的是,这个办法不一定是最好的,但一定是双方都能够接受的。而且,这是个可以不断改进的方式。

爸爸找来小波,问道:"你的车子骑得怎么样了?"

小波兴奋地说:"太酷了,爸爸。你不知道我骑得有多快!"

爸爸:"你喜欢把车子骑得飞快。"(积极倾听)

小波:"是的,爸爸,在开阔的草坪上骑车真是太爽了!"

爸爸:"哦,要在开阔的地方骑才爽。"(继续积极倾听)

小波:"没错!妈妈在咱们家院子里种了花,我怕把花压坏了,就到邻居家去骑了。"

82

爸爸明白了小波的感受和需要,于是简明地说出自己的问题:"你骑车把邻居家的草坪压坏了,邻居不满意,爸爸也觉得很抱歉,可能要花时间帮邻居修剪草坪。你能不能和我一起来想办法解决这个问题?"

然后他们想了以下这些解决办法:只有在自己家的院子里才可以骑自行车;只有去宿营的时候才允许骑自行车;休息时去公园骑车;小心骑车,不要压坏妈妈种的花;说服邻居同意小波在他家草坪上骑车;卖掉自行车。

他们分别把1、2、5、6项剔除,双方都同意3、4项,问题解决了。没有争吵,没有权威的压迫,没有委屈的眼泪,双方都很高兴。

名人谈教育

儿童集体里的舆论力量,完全是一种物质的实际可以感触到的教育力量。

——马卡连柯

83

第五章　父母如何说，孩子才会听

切忌说那些让孩子无法插嘴的长篇大论

　　唠叨也好，长篇大论的说教也罢，这些都达不到教育孩子，让他们改正自己的错误的目的。如果当着很多人的面，你的孩子让你感到恨不得有个地缝钻进去，你该如何对待他——打他？不理他？还是有什么好的办法制止他？要给一个充满好奇心，并且有使不完精力的孩子界定条条框框绝对是一件有难度的事情，但也并不是完全实现不了，家长应该掌握一些这方面的小技巧。

　　1. 无论孩子做出什么出格的事，家长先要保持冷静。

　　在训斥责骂孩子之前先静下心来，想一想孩子为什么这么做。当孩子的举动不合时宜时要保持冷静确实很难做到，但你要记住孩子也许并不是有意在使坏，他并不完全了解自己的行为会带来怎样的后果，比如他并不知道在奶奶家的春节聚会上往墙上乱涂乱画是非常不礼貌的行为。

　　2. 放弃长篇大论的说教。话语要简单、明了，但不一定要大声。

　　简单明确的语言是最有力度的。让孩子放弃不适宜的举动需要一定的技巧，说教根本无济于事。要尽量用简短的话表述自己的意愿，话越短效果越好。不管说什么事，都要针对事情本身，态度不要过激，如果孩子说话的声音过高，你可以轻声提醒他。

　　3. 说出自己的感受。

　　引导孩子站在你的角度想问题。家长和孩子进行有效沟通可以分为两种不同的情况：第一，当家长和孩子的状态都好的时候，可以一起就某一

社会现象进行讨论交流，谈一些有趣的、正向的话题，可以起到增进感情的作用。第二，当家长和孩子有一方或双方面临"不舒服"的心理状态时，尽量直接表达"自我感受"，而不是用命令性的语言。

看到孩子在看电视，一直不做功课，家长可以对孩子说："宝贝，看到你一直看电视却不学习，我心里感到很焦虑，不知道怎么办才好。"听到这样的话，孩子肯定不会有抵触情绪，反而会反过来为父母考虑，使矛盾变成一次沟通双方思想的机会。

4. 对无关紧要的事情冷处理，分散孩子的注意力。

有时候反复强调你不希望孩子做某事，反而强化了孩子做这件事的意识，分散其注意力效果更好。举个例子，假如你的孩子特别爱抠鼻孔，就不要让他的手闲着，让他的手中总是有玩具。当然，在孩子做出危险举动的情况下你必须直截了当地指出来，比如在超市摇晃堆在一起的易拉罐，或者打其他孩子等。

85

5. 在时机不对的时候选择沉默，之后再解释。

孩子说脏话也是一个不容忽视的问题。但是在孩子故意说脏话并期待你的反应的时候，沉默是最好的方法，当然，假如孩子在静静的图书馆中突然大声说"该死"，你不可能对此无动于衷，你可以轻声但坚定地告诉他："这个词很不好，你不应该这样说"，然后在离开图书馆后再向他作解释。

6. 不要只挑错处，当孩子做对了某事，要多鼓励孩子。

引导孩子做正确的事情胜于纠正孩子的错误。仅仅孩子做错事时才予以关注是不对的，如果孩子的表现很好，就应该适时给予鼓励，这会增加孩子的自信，有助于他养成良好的习惯。爱唠叨的家长还面临着一个最紧要的问题——不知道如何正确地和孩子进行有效沟通。如果家长和孩子之间沟通的质量高，所有的问题都可以通过简单的交谈来解决，根本不需要"唠叨"出场。

 名人谈教育

生产劳动和教育的早期结合是改造现代社会的最强有力的手段之一。

——马克思

把握好与孩子交流的时机

很多介绍交际学的书中提到,说话要注意场合,家长在和同辈的成年人说话时一般也都会注意到这些,可是由于很少有家长能做到将自己的孩子视为有着独立人格的人,因此在和孩子说话时不够讲求方式和场合,从而导致交流失败。教育子女不是一件简单的事情。很多家长常常抱怨现在的孩子难教,可是,家长如果能处处留心观察,准确捕捉教育的最佳时机,适时地对子女进行引导和教育,也完全有可能收到事半功倍的效果。

1. 在你刚刚发现孩子的某种不良行为时。

拔小树易,攉大树难。大量事实证明,孩子养成恶习往往与第一次发生不良行为时未能及时得到指正有关。很多孩子做了错事,往往主观上并未意识到。家长若能在孩子的某种不良行为刚刚露头的时候,紧紧抓住"第一次"不放,及时地对其进行明辨是非、详陈利弊的教育,必能帮助孩子打下良好道德品质的基础。

2. 新的起点让人充满希望,对孩子的要求也最好在新时期开始的时候。

不要随便给孩子下定义,不要说诸如"你真笨"、"你这辈子没救了"等给孩子定性的语言。任何一个被认定的"坏"孩子,在其失足或犯错之后都存在着悔过自新的本能。如果家长在他们立志发奋、决心从头做起的时候抓住时机,对其进行教育和鼓励,必能有效地促其变好。孩子各种新时期刚刚开始的时候蕴含着这种时机。

3. 孩子受到委屈或挫折的时候。

当孩子没有做错事而被人误解,或好心办了坏事而被人责怪时,他们往往认为别人是故意和自己过不去,由于委屈而产生强烈的逆反心理。此时家长若能以冷静、宽容和理解、同情的态度帮助孩子分析前因后果,帮助他挽回局面,使其得到客观公正的对待,孩子必然会产生感激之情。

4. 在孩子明知道自己做错了,有悔过之意的时候。

小孩子也会有自责的情绪。孩子在犯了大错或闯了大祸的时候,大多会产生畏惧感、负罪感和内疚感。此时，他们比平时更能听得进不同的意见，也容易虚心地接受批评。父母若能抓好这一时机，在充分理解、同情和体谅的基础上，帮其总结经验教训，循循诱导，将会收到意想不到的效果。相反，父母若抓住孩子"闯祸"的辫子不放，横加责骂，没完没了，会适得其反，使其破罐子破摔，无心思改。

5. 孩子羡慕他人取得的成绩的时候。

只要没有受到压制和打击，每一个身心健康的孩子都有争强好胜、不甘落后的天性。当朝夕相处的同伴取得了突出的成绩时，他们表面上可能装得满不在乎，其实心里却在暗下决心一定要追上和超过对方。父母应善于抓住时机，对其进行指导，向孩子提出适当的目标要求，促其将一时的热情转化成持久的行动。

6. 对某一事物产生浓厚兴趣的时候。

孩子都会被新鲜的事物吸引。当孩子对某一事情如绘画、弹琴、踢球等产生浓厚兴趣时，往往同时会产生积极追求的欲望，会自觉地去寻求相关的知识。父母应该尊重孩子自己的选择，而不应将自己的意志强加于孩子，逼其去做不愿做的事，学不愿学的东西。聪明的父母大多支持孩子的兴趣爱好，并帮他们找到入门，在发展的过程中对其进行正确、科学的引导，教其平衡发展，夯实知识基础，厚积薄发，少走弯路。

7. 初次参加集体活动或不知所措的时候。

孩子也很注重自己的"面子"，都不希望自己在集体活动中因为乱了大局、坏了大事而在同伴面前出洋相；相反，几乎所有的孩子都希望自己的言行能受人表扬、受人夸奖。家长可以巧妙地利用孩子的这种心理，抓住搞大型活动（如校运会、艺术周、参观、春游等）的大好时机，适时地对孩子进行遵纪守法、热爱集体、团结互助等思想教育。

8. 出外做客或家中来客人的时候。

孩子希望得到别人的认可，喜欢听好话、受表扬，不希望在客人面前丢人。因而当父母带其外出做客或家中来客人时，孩子的言行会不自觉地"规矩"起来，平时的许多劣性也会自动隐匿起来。家长如能抓住这个时机，在客人面前适度表扬孩子的优点，他将会引以为豪而继续发扬。

87

名人谈教育

使教育过程成为一种艺术的事业。

——赫尔巴特

关注孩子的实际行动比追究孩子的问题更重要

88

有些家长对孩子的担心很多,总希望孩子的任何行为都在自己的掌控之中,否则就会感到不安,生怕孩子做出出乎意料的事。不知道孩子交什么样的朋友,怕孩子交了坏朋友;不知道孩子在学校学了什么知识,害怕孩子在学校没有认真听讲;不知道孩子在做些什么,害怕孩子有不健康思想;不知道孩子吃了什么,害怕孩子挨饿……每个家长都有太多的担心,所以家长总是希望了解孩子多一些,可又不能 24 小时看着孩子,于是,很多父母动则盘问孩子的行踪,像审犯人一样。可是,这种做法恰恰会引起孩子的反感,反而加深了孩子和父母的隔阂。

其实,只要父母善于观察,完全可以大致掌握孩子的思想动向,再对其进行教育。孩子的行为是多种多样的,孩子的每个行为后面都有和成人不太一样的原因,抓住孩子行为背后的心理才是解决问题的关键。下面就让我们解开孩子内心世界的密码。

1. 插话。

听到孩子插话不要厉声斥责,只要给孩子讲清楚礼貌和插话之间的关系就可以了。孩子打断别人的谈话,并不是孩子故意在别人面前让父母难堪,这是由他的年龄特征引起的,表明孩子对讲话中的部分内容感到好奇,迫不及待地想解决心中的疑问或者知道别人讨论的内容,他曾经听说过或有点似懂非懂,急于想表现自己,讲一讲自己的看法,还有可能表示孩子独自玩耍或独自尝试着做某件事遇到了困难。

2. 说谎。

都说孩子不会撒谎,事实上不是这样的。当孩子想得到某种利益,或者逃避某种惩罚时,他可能会选择撒谎。在大多数父母的眼中,说谎就是小偷儿的开始。因此对说谎的孩子严加责备。实际上孩子根本不懂说谎和小偷儿究竟有什么必然联系。对孩子来说，与其说不懂，还不如说这两者之间没有任何联系。孩子的大部分谎言来自想象、愿望、游戏和无知，也有时出自辩解或引人注目的目的。无论哪一种都不属于真正的谎言，更不至于发展成性质恶劣的偷窃行为。如果不能充分理解这一点，就谈不上正确的处理办法。我们应该认清孩子谎话背后的心理，采取与其心理状态相应的办法解决。

3．忌妒。

争强好胜的孩子容易忌妒，对小伙伴中智力、名誉、地位、成就或者其他条件比自己优越的孩子怀有一种不安、痛苦或怨恨的情感。一般来说，对孩子的忌妒只要很好地教育引导，便可以化压力为动力，激励孩子发愤上进，相反，如果不能很好地引导，就会影响孩子的健康成长。对容易忌妒的孩子，家长应采取心理疏通并辅之以思想教育。

4．撒娇。

父母过于溺爱的话，孩子就爱撒娇。生病、身体不舒服时，撒娇；午饭后和晚上睡觉前撒娇；到了一个陌生的环境，由于不熟悉环境而感到不开心时也会撒娇。撒娇是难免的，也是正常的，是亲子情感交流的一种形式，父母都应予以理解，并给予安抚。但是对那些稍微有点不顺心就发脾气、撒娇的孩子，父母就不能听之任之、百般迁就了，否则会使孩子养成任性、霸道的性格。

5．不合群。

经常自己玩的孩子会对其他的孩子感到陌生，而出现不合群现象。有的父母总担心孩子出门惹是生非，总是把孩子关在家里，不让他们接触同龄孩子，孩子渐渐地就会表现得特别怕生，不敢和同龄孩子接触；或者脾气不好，同龄孩子不喜欢和他玩；或者变得以自我为中心，只要大家不按自己想法去做就会不高兴，等，久而久之，孩子就会显得"不合群"。父母可以多鼓励孩子与同龄孩子交往。尽量不要在孩子身边，也不要过问太多，甚至孩子们争吵、哭闹等也让他们自己去处理，让孩子同各种类型的孩子交往，不要局限于邻居、亲戚家的孩子。

6．执拗。

在很多情况下孩子不按照父母指导的去做，有其深层次的原因。在现实生活中,父母们大都会面临这样的问题:一向听话的孩子逐渐变得执拗起来,不太听话了,你让他向东,他偏往西,带有一种故意性。家长们为此大伤脑筋,连打带骂,但收效甚微,而且在一定程度上还出现了副作用。那么运用哪种行为规范,采取何种沟通方式,才能处理好此类问题呢?对此,需要认识孩子执拗的原因。孩子的执拗、违抗,只是一种表面现象,在它的背后隐藏着担心、害羞、缺乏自信、害怕挫折等。因此,当孩子执拗不听话时,父母应认清原因,用孩子能接受的方式,循序渐进地使其明白是非曲直。

智力教育就是要扩大人的求知范围。

——詹·拉·洛威尔

90

把不便跟孩子说的话写给孩子看

尽管现代社会通信发达,人们已经无须用传统的手段表达自己的心意了,不过书信作为一种情感载体,依然有其优势。傅雷是我国著名的翻译家和教育家,他写给他的孩子的《傅雷家书》早已经成为一本脍炙人口的书,可谓经久不衰,至今仍在重新印刷。这本书以书信的方式把一位关心孩子成长的父亲的话用平实的、语重心长的语调记录下来,读来倍觉亲切。

不要写官话给孩子看,给孩子的信要真诚。写信给孩子之所以是一种好的交流方式,就是因为这种方式很感人,多是写信人真情的流露。如果父母不能用真情与孩子交流,写信也只能流于形式。父母可以把心里话写下来,放在孩子的床头,但是别急着问他看了没有或者看了之后怎么想的。因为孩子肯定会看的,但是他看了之后可能什么也不说。你又有心里话了,可以接着写第二封、第三封信。

写信可以缓和双方的情绪,能让孩子心平气和地接受家长的话。写信可以是多种形式的。比如,有的家庭用"家庭日记"的方式,还有的家庭经常使用留言条。不管怎样,只要你采用文字的形式与孩子进行真情交流,

就有可能收到事半功倍的效果。当有些事情父母无法说出口的时候，或者与孩子冲突升级的时候，给孩子写信交流，可能比当面开口效果更好。因为父母写信时心情会平静下来，说出的话会中肯一些，而孩子看到父母的信，自然会有所反思，可能会更容易理解父母。

1. 给有情绪波动的孩子写信。

稍大一些的孩子最不喜欢别人把他们当成孩子看，因此，即便自己遇到困难，也往往不愿意让父母知道，希望自己能够在父母面前保持自尊。父母在劝慰孩子的时候，也不能再像以前那样哄孩子，因此，有些父母就不知道怎样与孩子沟通才好。这时候，父母不妨给孩子写一封信。收到信后，孩子往往能够心平气和地读，字里行间透露出来的父母的关爱往往能够让他尽快振作起来，同时，他与父母之间的感情自然就增加了许多。

91

美国石油大王洛克菲勒就给孩子写过这样一封信，信中的一部分内容是：乐观的人在苦难中会看到机会，悲观的人在机会中会看到绝望。天才发明家爱迪生先生在用电灯照亮房间之前，共做过一万多次实验。但在他看来，失败不过是自己成功的试验田。当时《纽约太阳报》一位年轻记者为此事前去采访他，少不更事的记者问他："先生，听说你这次的发明曾经失败过上万次，对此，你有什么看法？"爱迪生对失败一词感到很不受用，他以长者的口吻对那位记者说："年轻人，你的人生旅程才刚刚开始，所以，我告诉你一个对你未来很有帮助的启示，我并没有失败过一万次，我只是发现了一万种行不通的方法。"多么绝妙的回答！当然，并不否认失败有它自身的杀伤力，它可以让受挫者精神上变得委靡、颓废，丧失勇气和斗志，但最重要的是，你将失败看做什么？精神的力量对人的影响永远是巨大的！

写信和面对面交流所用的语气和心境是不同的。写信的时候，一个人的心态会比较平和，不会出现面对面交流时的急躁和挑剔的态度，孩子比较容易接受，更容易体会到父母对自己的关心和疼爱，不仅能够帮助孩子渡过难关，树立信心，增强挑战困难的意志，而且可以增进亲子之间的关系。

2. 给失恋的孩子写信。

初恋对孩子来说就像一朵晶莹剔透的花朵，既美丽又容易破碎。孩子在早恋过程中,体验到的是情感的美好,一旦失恋,就会无法承受巨大的心理打击。这时候,父母千万不要呵斥孩子,责骂孩子不应该恋爱。孩子在失恋的时候非常希望得到亲人的认同,同时,他也希望父母不要声张这件事情,自己默默地调整。因此,写信给失恋的孩子,往往能够起到良好的效果。

3. 给"问题孩子"写信。

当孩子有了困惑却逃避和父母交流时,如果父母有意识地与孩子进行交谈,孩子往往怀有戒备心理,有意识地回避父母,不愿意与父母进行沟通。这时候,父母可以采用书信的方式,让孩子在无声的语言中接受教育。作为情感载体的书信,往往滤去了父母对孩子的失望、责骂等不良情感,突显了父母的鼓励、殷切的期望、循循善诱的教导、真挚的关爱之情。这些,都是孩子成长的养料,都能够鼓励孩子积极向上,促进孩子与父母之间的良好关系。

写信也避免了言语冗长的问题。在信中,父母可以仔细思考如何表述一个复杂的问题,不会出现口头表达时的重复、中断等现象,更利于孩子全面、系统地了解这个问题。当一些大道理经过父母的认真思考而出现在纸上的时候,孩子往往比较容易接受。

名人谈教育

一个人所受的教育超过了自己的智力,这样的人才有学问。

——詹·马修斯

与孩子讨论问题时要平等

做父母的总是要求孩子做一个合格的好孩子,那么,身为父母有没有做一个合格的父母呢?父母要与孩子一起成长。人与人交往中有两个词:一是成长;一是分享。成长和分享是父母的应关注的,如何使自己成为称职的、合格的父母?需要关注的是,家长自身的学习。学习的目的是:观念变、行为变、命运变。所谓观念变,就是父母要使孩子实现自己期望的目标,首先要转变观念,因为观念始终在指挥家长的行为。因此,作为家长要

92

确立两种观念：人才观、亲子观。

人才观就是你想把孩子培养成什么样的人。

对子女的教育不可急功近利。家长从很早就确立目标：孩子长大做白领；去国外留学等，总之不让孩子输在起跑线上。有一名班主任老师发现了前10名现象。就是在小学阶段学习成绩在前10名的孩子，10年、20年、30年后在社会上只不过是个平常的人，没有显赫的事业。相反，小学阶段学习成绩在中等甚至中下等的孩子，在10年、20年、30年后学业达到了目标，事业取得了成功。

成绩好肯定不是坏事，但好成绩也要建立在人格发展完善的基础上。为什么起跑线上优秀的孩子后来反而落后了呢？因为家长为追求眼前的成绩，不惜牺牲孩子的课外阅读、社会实践。一个孩子的后劲，不是去看分数，而是要看他是花多大代价取得的成绩。成绩中等的孩子有充分的时间去玩、阅读、参加社会实践，而这是一个人生命中不可缺少的环节。

亲子观就是孩子与家长的关系到底怎么样。

家长没有必要每天板着脸，表现出一副威严的神情。传统的观念中家长是监护人和教育者。做父母的要名正言顺地对孩子进行教育。而现代理念认为孩子与家长是平等关系，孩子是独立的人，大写的人。台湾教育界提出：弯下身段与孩子说话，体现民主精神，对孩子的需求要倾听、尊重。孩子不是玩具，不是私有财产。

但另一方面，要把孩子看成小人，不能用大人的标准要求他。不能剥夺孩子玩的权利，孩子犯错要学会宽容。同时现在他是孩子，但会长大，会走上社会，不可能永远生活在家长保护下，他也会走上社会。所以，现在就要为他独立生活、自立生活做好准备。

家长不要一味地盯着卷子上的成绩。孩子不仅要读书还要学习生活中做人的道理。孩子成长需要动力，这种动力来源于父母情感的支持。如果孩子失败了，聪明的家长决不会给受伤的心灵泼冷水，而会说"你很棒，这次考试不代表永远。"父母的信任是孩子克服困难的动力。家长要经常带孩子去博物馆，分享精神生活和物资享受，与孩子多交流。不主张送孩子去寄宿制学校，因为年龄段较小的孩子需要来自父母的关爱：精神上的关注和分享。父母要为孩子做最直接、最具体的榜样，孩子与家长的人格轮廓是相似形的，其发展完善离不开家长的言行示范。

同孩子处好关系的 100 妙招

1. 在家庭中形成民主的氛围。

与孩子建立平等、民主、相互尊重的人际关系。具体表现：讲话是否与孩子的视线在同一水平线上，交谈时是否心平气和，与孩子平等相处。平等家庭的孩子在社会上会懂得人与人之间的尊重。

2. 双方养成信守承诺的习惯。

口头承诺也是一种契约，契约就是说话算数，家长对孩子的承诺要兑现。生活中充满契约关系，教育孩子是父母的责任和义务，要孩子孝顺则是父母的权利。父母对孩子的承诺不能因为孩子小就不兑现。

3. 面对孩子支持的新的文化，父母要保持宽容的态度。

孩子在文化观念上、生活方式上与父母有代沟。我们称爷爷是写毛笔字的一代；爸爸是写钢笔字的一代；孩子是用电脑的一代。没代沟说明孩子没有超越父母，没有发展。孩子不是父母的克隆，是发展的新一代。父母对代沟要宽容，要允许有不同的文化观念。

4. 人际关系上建立分享的观念。

现在的孩子因为独生子女的关系，都受到"三千宠爱在一身"的待遇，这就养成了孩子"唯我独尊"的思想。独生子女以自我为中心的观念与分享的精神是对立的。现代家庭教育的最大弊端是以自我为中心。现代孩子缺少兄弟姐妹交往，父母与孩子既要共同承担家庭责任，又要共同分享家庭的精神和物资。以自我为中心的孩子绝不会有对家庭和学校的责任感。

家长要藏起一半的爱，普天下的父母有谁不爱自己的孩子，父母的爱大多是原始的爱，是不成熟的爱。要当孩子是家庭的 1/3，使其承担家庭的责任，不要让孩子产生"读书是为父母读的"的想法。读书靠的是一种责任心，这种责任心必须从小培养，比"希望工程"更重要的工程是"父母工程"。

天赋的力量大于教育的力量。

——伏尔泰

让孩子帮忙做家务好处多

有的家长唯恐孩子累着了、晒着了，什么都不让孩子做。其实，将孩子照顾得妥妥帖帖，让孩子无事可做是一种溺爱孩子的表现，有将孩子当宠物的嫌疑。不能自己获得，只知道等待给予的宠物，将丧失原有的生存能力，最终只能变得依赖和任性。更不能因为孩子做事太慢或者做不好，就不耐烦地剥夺孩子动手的机会。爱孩子，就让孩子帮忙做家务，做力所能及的事情。做家务和劳动，对孩子来说，也是游戏。多鼓励和指导，少包办和批评，让孩子在劳动中快乐地成长。

爱孩子并不意味着让孩子脱离生活，相反，这样是害了孩子。现在的孩子虽然几乎都是独生子女，但是让他们帮助大人做家务是十分必要的，而且他们会从中受益匪浅。孩子的动手能力、手眼协调能力都会得到锻炼，耐心、爱心和责任心会增强。总之，让孩子帮忙做一些家务除了可以培养他们的动手能力之外，还能使其通过动手开发大脑，对其头脑的发育有好处。

劳动也可以培养出美德。培养孩子自我价值感、自信心与责任感的一个好办法就是给孩子布置一些适合他们干的家务劳动。从小干家务活儿的孩子，长大以后往往比不干家务的孩子更懂得如何照顾好自己。他们从小就懂得干好一件工作是多么有价值，完成一项工作是多么让人快意。如果孩子学会了为家庭奉献，父母和孩子双方都会从中受益。当孩子能够分担家里的一些家务活儿时，父母就可以把更多的时间花在和孩子玩耍、交流上，而不必整天忙于家务。

有数据反映，会做家务的孩子自理能力强，而且有责任感，易形成开朗、自信等性格特征，可是让孩子主动去做家务可不是一件简单的事情，这还需要父母使用一些技巧。

孩子参与劳动的过程中需要注意些什么？

1. 让孩子在安全的条件下完成力所能及的家务，不要急于让孩子独立完成家务。

使用煤气炉时，不要让孩子靠近炉边做家务；不要让孩子一下做太多

的事情,越小的孩子越缺乏耐心,也没有能力同时把好几件事情都处理得很好。

2. 孩子做家务毕竟还在学习阶段,不要急于让孩子做到大人的程度。

要根据孩子的年龄和实际能接受的劳动强度和难度为孩子安排劳动内容。要培养孩子做复杂家务的能力,父母就要陪着他,将每件事分解成细的步骤来教孩子。一面指导、一面监督,上了轨道后,才可以渐渐放手让孩子独立完成。

如果确实太难了,而孩子积极性又很高,父母可以将这件家务 90% 都做好,只剩一个未完成的步骤给孩子,这样孩子可以轻松完成,从而获得成就感,孩子将更有信心下一次做到更好。但要事先跟孩子讲好规则,才不会到最后弄得一团糟。

3. 做家务不是为了应景,需要让孩子养成持之以恒的习惯。

很多孩子做家务是图新鲜,几次后就没有耐心了。孩子像个复印机,会把家人的言行复印出来。要求孩子做家务千万不要随性而为,要将孩子每天需要完成的家务固定下来,父母跟孩子都要切实地执行。若孩子因为某项原因,需要他人代为完成时,父母可以趁机教导孩子学会事先请求他人协助,再跟孩子商量解决的方法,引导孩子完成自己的责任。

4. 最好不要用金钱诱导孩子做家务。

用金钱诱导孩子做家务会让孩子感到亲情淡漠。应该让孩子知道做好家务是家中每一份子的责任,不是一份获取金钱或礼物的工作,也不是用来交换的条件。

5. 要让孩子懂得做家务是家庭成员应该分担的责任,而不是一种额外的"帮助"。

"请你帮忙"的态度会让孩子感觉自己是"被请求"。要培养孩子"责任"的概念,告诉孩子自己的事情自己完成,照顾好自己就是帮大人的忙。

6. 不要让孩子认为做家务是一种惩罚。

千万不要在孩子犯错的时候,把做家务当成惩罚的工具,那会让孩子更不喜欢做家务。父母不要太过在乎孩子家务做得如何,最重要的是要让孩子知道自己能够做一些事。孩子的能力有限,需要学习做的家务应该多是与生活细节相关的,如把自己的鞋子放回柜子中、把外套挂起来等。父母要做的就是督导，然后找出孩子值得称赞的地方，即使只是对孩子说："你真的做得很棒！"相信对孩子而言，也是莫大的鼓励。

7. 不要责怪孩子不小心犯的错误。

由于孩子年龄小，各方面能力较弱，所以在做家务时不可避免会犯错，可能还会给你"帮倒忙"，这时你千万不要责怪孩子，否则孩子做家务的积极性就很容易被打消，应给予孩子鼓励："没关系，妈妈相信你下次一定能做好"。

8. 增加劳动难度和强度要循序渐进。

孩子的能力毕竟有限，因此，父母在让孩子做家务时要考虑孩子的实际能力，先安排一些简单的任务，刚开始可以辅助孩子进行，慢慢地增加一些较难的家务，并让孩子独立完成。家庭教育家伊丽莎白·邦得里说："习惯于承担家务的孩子，在走向成年的过程中，往往比那些缺乏这种体验和责任感的孩子更容易适应生活。"

97

名人谈教育

有天赋的人不受教育也可获得荣誉和美德，但只受过教育而无天赋的人却难做到这一点。

——西塞罗

孩子做了错事要温和地批评

有的家长对孩子的要求很高，见不得孩子犯错误，孩子一旦犯错，非打即骂。可为人父母者应该明白，孩子的成长是从认识错误开始的，纠正错误的过程也是学习的过程。所以对待孩子的错误，我们要采取宽容的态度。这里所说的宽容，并不是无所谓和任其发展，而是要就事论事，不要翻老账，不要把问题扩大化。在孩子犯错误的时候，家长和老师应首先了解孩子出现错误的原因，采取集体教育或心理暗示等方法提醒孩子，切不可不论青红皂白一通粗暴指责，尤其应避免使用"傻瓜"，"没用的东西！""你怎么这么没出息！""我真后悔生了你！"等言语。这样不仅不能使孩子认识到自己错在哪里,而且会伤害孩子的自尊心。孩子一旦失去自尊,任你怎样批评也没用了。

孩子也像成人一样自尊心,怎样批评孩子,里面可有不少学问。说深了,怕伤了孩子的自尊心;说浅了,又怕孩子不把批评当回事。怎样批评犯错的孩子既能产生最佳的教育效果又不伤到孩子呢?批评孩子有以下 6 个技巧:

1. 批评的时间和场合很重要。

同样的话不同的时间说会产生不同的效果,批评孩子尽量不要在以下时间:清晨、吃饭时、睡觉前。在清晨批评孩子,可能会破坏孩子一天的好心情;吃饭时批评孩子,会影响孩子的食欲,长此以往对孩子的身体健康不利;睡觉前批评孩子,会导致孩子的睡眠,不利于孩子的身体发育。

不要在下列场合批评孩子:公共场所、当着孩子同学朋友的面、当着众多亲朋的面。孩子的自尊心往往很强,在公开场合批评孩子,会让孩子觉得很没面子,会打击孩子的自信心,还可能会让孩子对父母心生不满甚至怨恨,会影响父母同孩子之间的感情。

2. 批评不是为了发泄怒火,而是为了帮孩子改正错误,批评孩子之前要让自己冷静下来。

有的家长在孩子做错事后会大发其火,特别是孩子犯了比较大的错或者屡错屡犯时,做家长的难免心烦意乱,情绪波动会比较大,很可能会在一时冲动之下对孩子说出不该说的话,或者做出不该做的举动,这都可能会对自己和孩子产生极为不良的影响,有人甚至因此而酿成大错。

发火根本不能解决问题。因此,不管孩子犯了什么样的错误,在批评孩子之前,家长一定要强迫自己冷静下来。只有冷静,才能对孩子所犯的错误有一个客观公正的评判,才能有利于问题的解决,才能帮助孩子找出犯错的原因和改正错误的方法。

3. 给犯错误的孩子说话的机会。

不要以大人的视角武断地批评孩子。孩子犯错的原因是多种多样的,有主观方面的失误,也有可能是不以孩子的意志为转移的客观原因。有可能是有意为之,也有可能是无心所致;有可能是态度问题,也可能是能力不足。

　　为了避免孩子产生委屈的情绪，当孩子犯错时，不要剥夺孩子说话的权利，要给孩子申诉的机会，让孩子把自己想说的话说出来，这样家长会对孩子所犯的错误有一个更全面、更清楚的认识，对孩子的批评会更有针对性，也能让孩子心悦诚服地接受自己的批评。

4. 家长的自我批评会得到孩子的理解。

　　孩子犯错误，家长应该自省。在批评孩子之前，如果父母能先来一番自我批评，如："这事也不全怪你，妈妈也有责任"、"只怪爸爸平时工作太忙，对你不够关心"等，会让孩子和父母的心理距离拉得很近，更乐意接受父母的批评。这样可以培养孩子勇于承担责任、勇于自我批评的良好品质，何乐而不为呢？

5. 父母双方对待孩子的态度要一致。

　　中国有句古话叫"严父慈母"，很多家庭至今还沿袭着这一传统，父亲和母亲，在教育孩子方面，一个唱红脸，一个唱白脸，其实这对孩子的成长是不利的。因为如果这样，会导致孩子犯错后所想的不是如何去认识和改正错误，而是去寻求庇护。

6. 做到批评与鼓励相结合。

　　孩子认识到自己的错误后，情绪往往会比较低落，批评孩子后，父母应及时给孩子一些心理上的安慰。可以从语言上来安慰孩子，比如说些"没关系，知道错了改正就行"、"我知道你是个聪明的孩子，自己会知道怎么做"、"爸爸妈妈也有犯错的时候，重新再来"之类的话；也可以从行动上安慰孩子，比如，握握他们的手，拍拍他们的肩，或给他们一个微笑，一个拥抱等，这样就会让孩子感到虽然自己犯了错，但父母还是爱自己的，也还是信任自己的，孩子会对父母充满感激，会对自己充满自信。

名人谈教育

　　教育的唯一工作与全部工作可以总结在这一概念之中——道德。

——赫尔巴特

99

孩子失败时要用温情的话语鼓励

多数家长平时对孩子的挫折不太关心，有时也只是安慰一下。当孩子受到挫折时，一味地责骂不可取，要了解孩子受挫折的原因，再针对孩子的不同心理特点加以引导和鼓励，帮助受孩子的心理状况朝积极的方面转化。

也不能孩子一受挫折家长就代替孩子，全副武装上阵。其实孩子越被保护就越软弱。就像被保护的产业通常都会失去竞争力，最后不得不寻求优待措施一样。无论怎样痛苦，我们都应该在一旁坚定地鼓励孩子从挫折中重新站起来。因为经受挫折孩子能得到锻炼，能迅速成长起来。父母不可能使孩子的人生全都如自己所愿。父母应该明白，不能代替孩子做的事情要远远多于能够代替孩子做的事情。否则，无论孩子是 18 岁、20 岁还是 30 岁都不能真正长大成人。

即使是再优秀的人，生活的道理也不可能全是坦途，承受失败和挫折的能力是综合素质中重要的一条。上世纪 70 年代，中国科技大学的"少年班"全国闻名。在当年那些出类拔萃的"神童"里，就有今天的微软全球副总裁、IEEE 最年轻的院士张亚勤。但在当时，全国大多数人都只知道有一个叫宁铂的孩子。20 年过去了，宁铂悄悄地从公众的视野里消失了，而当年并不知名的张亚勤却享誉海内外，这是为什么？

导致这种结果的原因很多，其中很重要的一点是他们抗挫能力的差别。因为成长过程过于顺利，宁铂很难有勇气面对失败。大学毕业后，宁铂虽然强烈地希望报考研究生，但他一而再、再而三地放弃自己的梦想。因为他太害怕失败了。而张亚勤在挫折面前勇于进取，不怕失败，从而铸就了他今日的辉煌。

"挫折教育"是教育中极为重要的一环，要让孩子不仅能在收获中得到快乐，而且能在失去时内心保持一种自寻快乐的本能。那父母应该如何培养孩子的抗挫能力呢？

1. 父母要有意识地对孩子进行挫折教育。

一味地袒护只会害了孩子。不少家长认为，孩子心理承受能力差，应该对孩子加强保护。这种观念直接影响了孩子。其实，一个人受点儿挫折，尤其是早期受一些挫折，很有好处。家长应正确看待挫折的教育价值，把它看成是磨炼意志、提高适应力的好方法。

2. 在孩子心理能承受的范围内，父母可以有意地给孩子设置一些障碍。

在国外的教育中，如果一个孩子各科成绩总是得到 A，老师就会考虑提高考题的难度，故意让孩子得几个 B，以此来培养孩子的受挫能力。对孩子来说，在成长的道路上难免要遇到困难和阻碍，如果孩子平时走惯了平坦路、听惯了顺耳话、做惯了顺心事，那么一旦他们遇到困难，就会不习惯，束手无策，情绪紧张，导致失败。所以父母不妨在平时的学习和生活中有意地给孩子设置些障碍，或对孩子的要求说"不"，以此给孩子"加点钙"。

3. 孩子需要父母赋予其勇气，父母要鼓励孩子直面挫折。

让孩子接受挫折教育，不意味着孩子失败时父母撒手不管。有的孩子在逆境中易产生消极反应，往往会垂头丧气，采取退避的方式。要改变这种现象，就必须在孩子遇到困难时，教育孩子勇敢面对挫折，向困难发起挑战。例如，当孩子登山怕高、怕摔跤时，就应该鼓励孩子说："别怕，你行的！摔一跤算什么？"孩子一次次战胜困难后，便会增添勇气，激起战胜困难的欲望，恐惧的心理就会消失，自信心会增强，抗挫折能力也就培养起来了。

4. 适当用温情和亲情引导孩子。

任何人受到失败的打击时都不希望自己一个人面对。生活中的不如意太多了，对孩子来说，家人的温情与支持是信心的来源。人是有感情的动物，我们多么希望孩子能一切顺利，但是挫折却像影子一样伴随着孩子的一生，我们只好把它当做生活中正常的一部分，以一颗平常心去对待。因此，当孩子面对挫折的时候，父母更应看重孩子的心灵，用温情去温暖孩子，对孩子进行引导，避免挫折对孩子的心灵造成伤害。

5. 励志类书籍是很好的疗伤良药。

可以多引导孩子读一些名人传记，读得多了，孩子就会认识到人生的过程就是不断克服困难、战胜挫折的过程。和伟人比起来，我们遇到的困难和挫折实在算不了什么。伟人是在大海洋里与大波大浪搏斗，而我们的

101

挫折,就像在公园里划船时遇到一点小浪。不经历风雨,怎能见彩虹,只有勇于面对挫折的孩子,才能取得成功。

名人谈教育 📖

创造人的是自然界,启迪和教育人的却是社会。

——别林斯基

孩子撒谎时要进行引导性教育

人的一生很难不撒谎,但是父母一定要教会孩子诚实的习惯。生活中有的孩子爱说谎,而且撒谎时脸不变色心不跳,这是许多家长最头疼的事。据调查,孩子撒谎的种类并不亚于成人,包括无恶意的谎话、社交性的谎话、残酷的谎话、隐瞒事实逃避处罚的隐瞒性谎话,以及蓄意说谎以获利或增加威信的明显谎话。事实说明,无论你如何教孩子,他们迟早会对你说谎。孩子愈大,谎话越多越高明,而且说谎得逞又逃过处罚,谎话也就越扯越多。英国心理学家基纳特曾经说过:"撒谎是说真话遭到训斥的孩子在心理上解脱自己的避难所。"可见,孩子之所以撒谎,除其他心理因素外,家长的某些教育方式是导致孩子撒谎的直接原因。孩子撒谎一般出于以下几种原因:

1. 想逃避惩罚或不想父母失望。

虽然有的孩子很小就会撒谎,但孩子并非生来就会撒谎,他们天性纯真、直率,不会隐瞒自己的意图,不会掩饰自己的情绪,不会控制自己的感情。然而,如果发现自己的诚实引起了父母的不满甚至责罚,他们就能学会装假说谎。有些孩子做错事向父母坦白时,受到的是父母的打骂,这就会在心理上给孩子一种暗示:既然说真话也遭训斥,还不如撒谎,或许能骗过。

每个孩子都希望得到长辈的认可,做事时想做好,想让父母、老师高兴,从而得到更多奖励。成功难度较大时,为了不让父母、老师失望,只好说谎,"这次考试成绩还没有出来"、"考得还可以"等。还有,孩子对周围的

一切都感到好奇，特别是家里刚买来的东西，非要用手拿一拿，仔细看看，往往一不小心，就弄坏了东西，这时孩子内心紧张而恐惧，害怕父母训斥打骂，不知不觉地开始说谎。有的孩子在做错事情以后，内心会受到一种压迫，担心受罚而说谎。

对这类谎言，聪明的父母不应该不分原因地责备和体罚孩子，该懂得和孩子沟通，告诉孩子，爸爸妈妈喜欢诚实的孩子，虽然爸爸妈妈不希望他做错事，但更不希望他撒谎。然后给孩子承认错误的机会，理解孩子犯错误的动机，包容孩子的错误结果，鼓励孩子主动承认错误并给予其改正的机会。对于这种类型的谎言，切忌父母之间因教育态度不一致，一方袒护孩子的错误，而在孩子面前发生争执，给孩子以可乘之机，导致孩子继续撒谎。总之，对于"惧罚型"撒谎的孩子，父母要调节自己处理事情的态度与方式，给孩子改正的机会，不要失去孩子对自己的信任。

2. 为自己的其他不良行为辩解而撒谎。

孩子总会千方百计地去获取自己喜欢的东西。有些孩子习惯于一切玩具、食品都归自己所有。再加上有些父母不注意教育孩子"不是自己的东西不能拿回家"，当父母发现孩子有不属于自己的东西时，孩子经常会编造一些谎言，如小朋友送的，或者是自己拾到的等。这种属于行为性撒谎，其表现比较严重，常常伴随偷拿和破坏等不良行为，对孩子自身成长的危害性比较大。

此时千万不能姑息孩子。对于这种类型的谎言，若孩子说谎后没有被发现，或者被发现了但父母并没有采取相应的措施予以纠正，或者被其他人揭穿后，父母因顾及颜面而袒护孩子等，都会助长孩子的说谎意识。聪明的父母应该不能让孩子的"阴谋"得逞，让他知道如果撒谎会有非常严重的后果。

3. 为得到某种好处或便利而撒谎。

孩子的模仿能力很强。成人有时迫不得已说上一两句无关紧要的小谎言，孩子却会当真，而且不由自主地去模仿。有人做过调查研究，孩子说谎多半来源于父母说谎或言而无信。给孩子一次次许愿，却又一次次地不兑现；父母不愿见某个人，就告诉孩子某人来电话或到家里找就说父母不

103

同孩子处好关系的100妙招

在家;不愿借东西给邻居,就教孩子说东西借给别人了或弄丢了等。这一切在无形之中都给孩子幼小纯洁的心灵上播下了撒谎的种子。

名人谈教育

教育之于心灵,犹雕刻之于大理石。

——爱迪生

孩子心理出现问题时要用谈心的方式开导

104

近年来,孩子的心理问题越来越受家长的关注。专家建议父母既不要对孩子的心理问题视而不见,也不要主观臆断。心理问题的初期是有心结,如果当时发现并及时去解开它,就不会有后面的痛心疾首了。所以,平时家长们就应注意,孩子有了心理问题的苗头,应与孩子多交流,必要时向学校老师或专家寻求帮助。在了解孩子心理状态、平等地对待他们方面做足功课。不容否认的事实是,很多时候,是家长自己造成了孩子内心的冷漠,同时也为自己种下的苦果负责。如何避免孩子心理问题的出现?或者怎样将不良后果扼杀在萌芽状态?

首先要大致了解哪些情况属于心理危机。这一代的孩子处在一个充满竞争的环境里,家长及学校都很重视孩子的智力、身体发育,却容易忽视孩子的心理问题。近年来,很多中小学生由于焦虑、抑郁、偏执、自卑、孤僻、懦弱等心理障碍,造成出走、自残、自杀等后果,而且这种现象呈多发趋势。专家称,这属于出现心理危机。

在情绪方面,常出现焦虑、恐惧、怀疑、沮丧、忧郁、悲伤、易怒、绝望、无助、愤怒、过分敏感或警觉、持续担忧、害怕死去等。在认知方面,常出现注意力不集中、缺乏自信、无法作决定、健忘、不能把思想从危机事件上转移等。在行为方面,害怕见人、暴饮暴食、容易自责或怪罪他人、不易信任他人等。

发现孩子有这些过激情绪和行为,不要一味指责孩子。孩子的心理出现问题,首先是家庭教育出现了误区。一些家长对孩子干涉过多,教育方法简单、粗暴,引发了孩子的逆反心理。其次是学校忽视了对学生的个性

化教育,不能及时地发现学生的心理疾患。不仔细查诊学生的心理病因,是治不好他们的心理病的。

考试的压力也是产生心理障碍的重要原因之一。专家介绍,临床表明,大多数学生存在考试焦虑症。这种焦虑是以担忧为主要表现形式的,具体表现在:担心考得不好,他人对自己的评价不好;对个人的自我理想失去信心;担心未来的前途;担心考试准备不足等。

还有的孩子在人格发展上存在不足。对人格因素造成学习障碍的学生,应着眼于引导,要培养他们健康的人格。对因意志因素造成学习障碍的学生,应多鼓励,还要为他们创造一个宽松和谐的环境,让他们自身产生刻苦学习的内在要求。

清楚了产生心理问题的原因,就应"对症下药"。对因认知因素造成学习障碍的学生,应着眼于辅导,有针对性地补上知识链的脱节,并指导学习方法,帮助他们尽快进入正常的学习轨道中。对因情感因素造成学习障碍的学生,应着眼于疏导,要沟通亲人间的感情,要用自己的情感引起孩子共鸣。

在家庭教育中,开展心理健康教育的主要内容有:

1. 引导孩子形成正确的人生观。

使孩子从小懂得:为什么活着,应该怎样做人。在孩子心目中树立正确的目标,崇高的理想具有鼓舞人们前进和奋斗的巨大的精神力量,可使人在艰难困苦中依然充满希望和信心。

2. 在孩子个性形成的阶段注意沟通,完善其心理品质。

如对孩子自我气质的了解与完善,活泼开朗性格的塑造,广泛的兴趣和探究,精神的培养。

3. 让孩子形成正确的人际交往观。

能够正确认识、评价和表现自己,通过对孩子交往准则和处理人际关系的技巧方面的辅导与训练,使其掌握人际交往的技巧等。

4. 积极健康的情感、意志、品格、品德心理的培养。

学会把握自己的情绪,做情感的主人,学会正确处理理智与冲动、调节与控制、挫折与磨砺的关系。形成正确的伦理道德观念,树立自信心,对不良品德的预防与矫正等。

5. 在学习上不要单纯追求成绩,而要着眼于学习的方法和主动性。

注意力、记忆力、观察能力、思辨能力、创造性思维的培养,有关复习与遗忘规律的掌握,以及积极主动的学习态度等。能使孩子在认识自己的基础上,确立恰当的学习目标;认识学习的价值,形成合适的动机。

名人读教育

教育的目的,是替年轻人的终身自修做准备。

——R. M. H.

106

孩子说脏话时要以适当方式提醒

很多家长在第一次听到孩子说脏话的时候很慌张。父母喜欢说这句话:"孩子小,学什么都快,学骂人也最快。"而事实也果真如此,一些孩子不该说的脏话、粗话出现了。有时,家里来了客人,逗逗孩子,孩子张口骂人,弄得客人和家人都十分难堪。其实,孩子年幼,还没有明确的是非观念,也许他们根本没弄懂那些脏话的真正含义。

听到孩子说脏话,父母第一个反应就是惩罚。轻则批评许久,重则给孩子一个耳光,甚至还有打嘴的……五花八门,什么惩罚方式都有。但是,孩子们似乎对脏话、粗话"情有独钟",而且有愈演愈烈之势。难道骂人也会上瘾吗?

孩子说脏话、粗话往往是周围的环境及孩子善于模仿的特性和父母的疏忽共同作用的结果。其实,要解决孩子说脏话、粗话的问题,就要查出孩子这么说的原因,然后再有针对性地给予指导。纠正孩子说脏话、粗话的习惯,我们可以采用下面的方法:

1. 为孩子提供好的语言环境。

首先父母要为孩子做出好的榜样,注意孩子周围的生活环境,尽量不要让孩子从电视媒体上学脏话、粗话。从小伙伴那里也容易学到各种各样的脏话、粗话、不好的顺口溜等。我们要及时指正孩子的错误。并且要引导孩子玩文明、健康的游戏。如果发现孩子和小伙伴说脏话、粗话,更要给

予纠正。

2. 不要以激烈的反应强化孩子不正确的行为。

孩子说脏话，多半是模仿、好玩，是为了显示他的某种本事。碰到这种情况，家长千万别笑，更不要流露出惊奇的神色，严厉的训斥也是无济于事的，这些反而会强化他的行为。其实孩子并不一定知道脏话的含义，主要是为了得到父母对他的反应或注意。家长听到孩子说脏话，要强忍着不显示出任何兴趣。只有这样，他才会觉得索然无味。久而久之，那些不好听的字眼或脏话就会逐渐被忘掉。

当然，也可以寻找比较恰当的时机，告诉孩子，说脏话很难听，只有坏人和不学好的人才讲脏话。在日常生活中，孩子有时能用自己的语言来赞赏或描述他喜欢的人和事，这时，我们一定要及时鼓励表扬，让他知道美的语言是令人愉快的。

107

3. 引导孩子对脏话有正确的认识。

如果孩子经常重复一些脏话、粗话，我们应该严肃地告诉孩子这些话不文明、不好听，爸爸妈妈和所有的人都不喜欢听。在我们批评孩子的时候，要注意用词文明，不可以在批评中也掺杂脏话、粗话，这会让孩子觉得：父母尚且如此，我为什么不能说呢？

告诉孩子，大人说脏话也是不对的。有时我自己急躁时也会随口说句不好听的，所以我批评儿子说脏话时，他会问："为什么大人说脏话？"要有效制止孩子说脏话，在纠正前，必须先让他们知道，无论谁说脏话都是不对的。因此我耐心地告诉儿子，大人也有犯错误的时候，你也可以要求爸爸改正错误，大家互相帮助，都不说脏话，并说到做到。在家里建立互相监督的制度，如果不小心在孩子面前说了不文明的词句时，一定向孩子承认错误，以加深他不能说脏话的观念。

4. 找准问题所在，对症下药。

孩子说脏话的原因很多，先进行了解，然后再有针对性地给予指导。如果孩子说脏话、粗话是因为没有明确的是非观念，我们就要在日常生活中，抓住每一个能增强孩子判断是非能力的机会，加以利用，给孩子深刻而有力的教育；如果孩子说脏话、粗话是因为发泄不满，我们就要随时教给孩

子表达情感的正确方式。可以在孩子安静时告诉他如何表达心中的不满，如告诉对方"你没道理"、"我想你不对"等，甚至生气不理对方也行，总之都比骂人更能解决问题；如果孩子说脏话、粗话只是因为觉得新鲜好玩，故意说来取悦成人或表现自己，我们可以在孩子每次说脏话、粗话时，表现出不高兴或觉得无味的样子，几次下来孩子就不再说脏话了。

名人谈教育

对双亲来说，家庭教育首先是自我教育。

——克鲁普斯卡娅

纠正孩子的坏习惯要用温和的态度

孩子成长的过程就像小树长大，需要剪枝修叶，就是纠正孩子的坏习惯。有些父母总觉得孩子的坏习惯层出不穷，以前的坏习惯还没改掉又多了新的坏习惯。殊不知孩子正是在不断犯错误的过程中认识到正确的做事方法。纠正孩子的坏习惯要从以下几点做起：

1. 建立良好的亲子关系，孩子才容易听话。

如果家长希望孩子能更好地与自己合作，首先要从关注孩子本身，转变到关注改善你与他的关系上来。有些父母一听到有人"告状"或看到孩子行为不轨，就非打即骂，恨铁不成钢。实际上，孩子在成长的过程中，每天都会有不礼貌或不良行为，此时家长如果不分场合，不分情况，逐一加以纠正，结果只能让家长和孩子双方都感到不舒服。家长感觉自己是一个坏妈妈或坏爸爸，孩子则感觉自己什么事情都不能做，从而不敢尝试或产生自卑心理。家长费了很多时间精力做的纠正工作，结果却不尽如人意。

正确的做法是，每天都给孩子一到两次正面积极的回应，或者在特定的某件事上给予表扬，用肯定的态度爱护和关心，一个鼓励的眼神或一句简单的表扬都要胜过喋喋不休的指责或过度的物质奖励。因为孩子是爱表现的，只需轻轻一夸，孩子就会高兴，精神上就会得到满足。家长还可以每天抽出一点时间来和孩子玩一会儿他喜欢的游戏，这对改善家长与孩子的关系非常有帮助。只有关系改善了，孩子的不良习惯才容易改善。

2. 家长在教育孩子时要保持冷静，不要带着情绪。

看电视没完没了，晚上不肯睡，早上赖床……在这种情形下批评孩子，通常会遭遇到孩子的哭闹、叫喊等抵抗，家长也难免会发脾气，从而开始了又一轮的吵闹比赛，这并不能促进孩子与你配合，只能使双方更生气，让孩子一意孤行，不思悔改。

处理这种情况的关键是家长保持冷静。具体如何做才更有效呢？家长可以告诉他，无法接受他现在的行为，再给他一个更好的替代选择，让其二选一，比如："坐在地上耍赖是不对的，你可以坐在凳子上告诉我你的想法。"

3. 要学会站在孩子的立场上想问题。

为了赶时间，妈妈通常会说："我们必须马上出门，否则你去补习班就会迟到了！"这就没有考虑孩子的感受，实际上妈妈可以换一种语气："我知道这么早起很困难，白天晚上咱们早睡，现在克服一下。"

4. 不盲目地制止孩子。

有的家长会时刻注意孩子的一举一动，使孩子始终处在紧张的状态中；而且在有些严厉的家长面前，孩子得到的可能总是"不"或唠叨。告诉那些刚会走的孩子别到处乱扔玩具，可以告诉他"屋里让你弄得一团糟，我在整理清扫的时候就会头疼"，接着要给孩子一个警告，并强调你将要做的事情，"如果你再乱扔玩具，我就把你的玩具给隔壁的宝宝"，这可能对孩子产生一种警示作用。

5. 制定共同遵守的规则。

孩子经常未经过大人同意就随意拿水果吃，或者自己开电视看，对这些看似不起眼的小事，父母也不能听之任之。一些生活中的规矩应早早为孩子订立，譬如不能随心所欲地吃糖果，不能整天看电视。放任孩子不遵循规矩做事绝不是好办法。如果父母继续纵容，孩子就可能出现不通知大人就外出的情况。

规则的确定，要清楚地、正式地告诉孩子。如果孩子在规定时间以外打开电视，应让他及时关闭电视机，并且再大声清楚地陈述一遍规则，这样有助于孩子将它铭记在心。不要以为孩子一定能从父母的行为、好恶中明白所有的规定和限制。事实上，我们常常发现，许多孩子只知道父母对他不满意，而不知道父母要他怎么做，难怪孩子会将父

母的指责视为父母的"情绪"。不少孩子抱怨父母整天对着他发脾气，感到自己很无辜。

名人谈教育

人是社会的动物,因此,人不可能独立于社会而存在。一个人必须在与他人的交往中,才能完成社会化过程,使自己逐渐成熟。

——亚里士多德

纠正孩子的错误行为要冷静

110

孩子有了缺点,父母都很头疼。慢性子、胆小、不合群、脾气暴躁、上课捣乱……很多父母被孩子诸多的行为问题困扰着,他们不仅想改变孩子的现状,更想探究孩子的内心世界。实际上,在焦虑之余,我们没有想过,"问题"本身就是成长的一部分。做父母的,首要之务即是停止担忧孩子是否正常,了解到底哪一些事情在困扰孩子。轻松点,了解只是第一步而已。最大的挑战是了解之后的行动。不管什么样的解决之道,方法是否有效,首先要看父母能否为孩子的改变而先改变自己。

1. 孩子做事磨蹭,怎么催促都不行。

我的孩子比较内向,而且有点胆小,做事也比较磨蹭。他现在已经上小学四年级了,但是写作业还必须要我盯着,否则的话,他一个小时也写不了多少。每天早上起来,我还需要盯着他穿衣,吃饭。所以,即使我早上5点半就起床,做好饭以后6点钟把他叫起来,早上上学还总是迟到。看着他干什么都这么慢,我心里特别着急,甚至想冲他发火。

有的孩子做事慢和家长不无关系。有时家长管得太多太细了,很多本应该是孩子的任务就变成了家长的任务。这时候,孩子做事就比较被动,他的效率高低与家长是否在场是紧密相关的。如果家长在时,他可以很快地完成作业,这说明他的能力没有问题。所以,不妨采取一些游戏的方法。比如拿一个闹钟和孩子协商,问他多长时间可以将作业完成,然后上好闹

铃。如果孩子在此之前完成了作业，要鼓励他。慢慢地让孩子形成自我约束的习惯。

孩子做事慢可能有他自己的考虑，可能做事更仔细一些，考虑得更周到一些等。首先要表扬孩子的优点，再提出你的期望，比如："儿子，你做事真认真，只是如果再能快一点点就更好了。"这样，孩子会比较容易接受。

2. 孩子胆小，要多培养他的自信心。

我的孩子特别胆小，做什么事都喜欢躲在后面不出头。有一次外教来讲英语课，让小朋友到讲台前认一些英文单词。她其实都会，但就是不敢去。别的小朋友不会她还在下边着急。老师感觉她很不错，问她愿不愿意当班长。她实际上愿意，但是也不敢跟老师说。现在，对这个问题我比较苦恼，不知道怎么能让她的胆子大一些。

比较少接触外界的孩子心灵空间也会变小。一个不常和人群在一起的孩子心灵会感到恐惧和寒冷。所以，我们要给孩子多创造一些机会，比如可以带孩子参加一些聚会，或者周末的时候多带她去公园，多接触小朋友。不要总是很严厉地责备孩子：你怎么这么胆小呀，连这都不敢去，你看看人家！这样，孩子就会觉得自己真的很胆小，以后就更不敢做事情了。

3. 孩子脾气不好，引导孩子用正确的方法发泄情绪。

我儿子有时候爱发脾气。有一次我们带他去商场购物，他和一位售货员玩得很好。后来，我告诉他该走了。售货员就跟他开了一句玩笑说："你别走了，就留在这儿吧。"他就生气了，跟个小牛似的冲着人家就过去了，嘴里还喊着："我要发脾气了！"有时候他自己就说："我脾气可大了！"

不少家长都有这样错误的认识：孩子是不应该发脾气的。当孩子发脾气的时候，父母的反应特别重要。我们不需要在这个时候教他某件事你应该做到什么程度，或者应不应该做，因为此时他的思维之门是关闭的。这时候孩子只需要你陪他一起难过，或者给他冷静的时间让他自己调整。另

外，有时候孩子可能会有点耍赖。如果是这种情形，我们可以说出一些严厉的话。比如，"不行，这事没得商量!"、"这件事情我已经说过很多次了，不想再重复了。"父母严肃的语调，会让孩子认识到事情的严重性，这是对孩子最大的警醒。不过，家长要尽量平静，不要情绪特别激烈。不要让孩子有天塌地陷的感觉。

名人谈教育 📖

年轻人把受教育求进步的责任和对恩人及支持者所负的义务联结起来，是最适宜不过的事，我对我的双亲做到了这一点。

——贝多芬

112

与孩子发生矛盾要平心静气

许多父母都经历过类似的事情：

我的大儿子一向挺乖巧的，可是有一天，我拒绝了他买一双名牌鞋的请求。他竟然怒气冲天、躲在屋子里不肯出来，好几天都不说话，也不和我们一起吃饭。因为儿子知道我们不是买不起那双鞋，而是不想给他买，可是他不理解我们这样做只是不想让他养成追求奢侈的习惯。他觉得根本没有这个必要，因为在其他方面其实他并不奢侈，只是那双鞋他确实很喜欢。然而我和他爸爸又怕这次满足了他，今后他喜欢的东西就会越来越多。

1. 即使是在矛盾很激烈的情况下也要保持冷静。

家长遇到这种事情尽管很难不生气，最好的办法是在孩子怒气冲天、恨意未消时深呼吸 2～3 次，不要与孩子立即或长时间争辩。关注孩子的情感，而不是言辞好恶，保持心态平衡。"我知道，我让你生气"，我对我的儿子说，"等到你冷静时我们谈一谈这件事，但不是现在。"

让孩子感受到你尊重他们的情感而不是一味地反对或否定，对孩子来说是非常重要，并且你要强调"你不是真正恨我"或者"我不是不公平"。同

时，我们必须帮助孩子认识到争论期间突然爆发愤怒极不恰当。

2. 让双方坦诚地说出怨言和心里话，只要孩子的要求并不过分而频繁，暂时答应了，事后再交流。

及时展开讨论也十分重要。你不必等待太久，尝试着判断孩子生气多长时间以及你恢复平衡需要多长时间。一阵大怒后，当你听到孩子在房间嘤嘤哭泣时，你知道这时你能够开导孩子了。如果他仍然怒气未消，肯定会保持沉默。

一旦你们坐下来交谈，必须放弃感情用事，而且应该考虑在生气过程中寻求事实依据，以理服人。重点是提问和倾听，而不是一味地说教。比如你的孩子此刻很想去逛商场，可是他明天有个很重要的考试，你阻止他去，他反而大发雷霆，反而不认真准备考试了。如果你说明了反对的理由，可孩子还是一定要去。那就先答应这种在你看来荒唐无理的要求。不但能改善孩子感情受挫、灰心丧气的状况，而且会让孩子过后认识到自己的错误。

3. 交流彼此的意见。

只有当孩子和家长对彼此都没有怨言的时候才可以进行交流。这时不如问问："我们能够确信不再发生类似冲突吗？我们最好做些什么呢？"你给孩子制定一套规则，要求孩子遵照执行。不仅让他认识到你重视他的意见，而且让他能较好地适应未来生活的挑战。

同时要记住，有时孩子的抱怨是有道理的。父母答应给孩子购买东西却出尔反尔不买了，或者强加给孩子一些不切实际的要求，或者因为孩子做错事而不停地唠叨责怪孩子。

4. 系牢情感的纽带。

血浓于水，不管有怎样的不愉快，要让孩子正确面对强烈的愤怒，但这些都要出于感情的自然流露而不要刻意为之。让他们知道"即使当时我对你很生气，但我仍然爱你"。我的孩子们很小时我就对他们说这样的话，在以后的岁月中，我们发生了冲突后，他们仍能理解我，我明白他们感到了爱的归属。孩子们遭到猛烈的暴风雨般的情感打击后，父母要适时提醒孩子记住，他们都将找到属于他们自己安全又充满亲情爱意的港湾。

113

名人读教育

思想是行动的基础,把青年拉向一方,而生活和利益的实际要求把他们拉向另一方。在大多数情况下,生活总是占上风。于是,大多数受教育的青年人经过一段热烈的青春迷恋期之后,就走进了平凡的生活轨道,而且渐渐走得习惯了。

——柯罗连科

有些时候要使用暗示,做到无声胜有声

114

在不经意之间,你的暗示可能给孩子很大的影响。积极的引导,特别是来自亲人、朋友或老师的暗示,会对孩子在心理和心智方面产生良好的作用。爱的暗示给孩子以力量。有的母亲不会在具体事情上过多地干涉孩子,而总是以自己的言行和手势给孩子暗示。

母亲总是能发现我身上一些特别的东西,并总是以自豪的、不加掩饰的赞赏的口气说出来。比如"这孩子太不一般了,他看一样东西总是目不转睛";"看看,我们的孩子,他的精力多好,总是手脚不停";"哎呀,这孩子哭起来像打雷一样,这太神奇了";"看看这孩子真不简单,吃这么苦的药,一声不吭";"你看,他的力气真大,这么重的东西他都能拿得起"如此种种。几乎所有孩子都有的表现,我的母亲也会本能的把它描述成自己孩子不凡的禀赋。

有的时候,她甚至把这种表现和神秘的世界关联起来。"你看我们家孩子就是脑瓜好用,天生就这样,肯定能学好,肯定能考上大学。"……她的这种暗示完全出于本能和爱,所以这种称赞本身就毫无夸张和虚饰,让孩子真的以为自己很出色。结果,这种暗示真的被孩子所接受,他真的表现很出色。

但更多的家长只会给孩子消极的暗示。比如,在街上遇到了同事,让孩子打招呼,孩子却迟疑了一会儿,没有吱声,母亲解释说:"这孩子就这

样，从小就很害羞、胆怯，怎么都改变不了。"同事善意笑笑道："女孩子嘛，性格比较内向腼腆，这很平常。"女孩听到后，下意识地闪避在母亲身后，把头埋得更低了。

暗示是指通过语言、手势、表情等施加心理影响的过程，暗示的结果是使暗示的对象的心境、情绪、兴趣、意志方面发生变化。暗示教育最大的特点就是"暗"，即在潜移默化、不知不觉中影响孩子稚嫩的心灵。积极的暗示能促进孩子健康成长，培养良好的性格和心态。与说理教育相比，正确的暗示更有利于融洽教育者与被教育者之间的关系，使教育含蓄委婉，无形中培养孩子良好的道德意识和行为举止，以及坚强的情感意志。消极的暗示则是孩子心灵的腐蚀剂，除了让孩子情绪低落、产生自卑和自弃心理外，还可能误导孩子接受某种错误的信息或概念。

例如，家长以"孩子从小就胆小、害羞"解释孩子不愿意招呼他人的原因，不但解决不了任何问题，反而暗示孩子"你本性就是胆怯内向型"，容易让孩子产生自卑心理，也使孩子默认了对自我性格的害羞、胆怯元素，不利于孩子人际交往的发展。又如，家长过分担心外界带给孩子伤害，表示焦虑不安，一方面在心理上增加了孩子疼痛的感觉，使孩子变得娇气脆弱，另一方面让孩子滋生了惰性，丧失了独立自主的意识，加深对父母的依赖。如果家长此时淡淡地说："没关系，自己爬起来吧。"孩子则很有可能若无其事地站起来。

所以和孩子交流时一定要注意自己的言行。积极地心理暗示带给孩子积极的认识和体验，家长应慎言慎行，给孩子积极的暗示。家长讲解道理时，可以将"理"通过设喻、讲故事、做游戏、角色体验等形式表现出来，从中点拨启发孩子，实现教育目的。在纠正孩子所犯的错误时，可以以身作则，为孩子树立榜样，利用榜样的力量感染孩子，避免伤害孩子的自尊和信心，促使其不断进步。家长在暗示教育时，要灵活运用神态表情，以达到教育的目的，如对孩子的独立给予赞赏、肯定的眼神，让他体会成功的愉悦；对孩子的挫折失误，给予安慰、爱抚的目光，使孩子感受勇气与力量。家长还可以利用激将法，避免说教给孩子带来的压抑感和逆反心理，还能激发起孩子战胜困难的斗志，取得事半功倍的效果。

115

名人谈教育 📖

德行比人情世故更难获得;青年人失掉的德行是很少能够再恢复的。怯懦无能和不懂人情世故是大家归给私家教育的过错,其实这并不是在家庭里面进行教育的必然结果,也并不是无法医治的毛病。如果说家里溺爱太过,常常使人懦弱无能,应该竭力避免,那主要是因为我们的目的是为了德行。

——洛克

孩子最容易接受提建议的方式

116

经常听到家长说:"我们说话孩子不爱听,怎么办?"其实,他们跟孩子说话多数是用指令性的语气说的。这种语气在孩子小的时候还算行得通,但随着孩子的人格独立性不断增强,这样沟通的结果是,孩子越来越不听话了。说到底,家长没有学会用建议的语气跟孩子说话。那么怎么向孩子提建议呢? 要真正提好建议,需要做到以下 7 点。

1. 在学习方面要循序渐进,让孩子自我改变。

家长最操心的就是孩子的学习情况了。对于稍大一些的孩子,要引导他对自己进行切实的分析。从某种程度上来说,孩子已经具备了了解自己的能力,而且也能发现自己的不足之处。仅从这一点来看,他已经具备了改变和成功的素质。一般来讲取得成功有这么一个顺序:自己了解自己—自己发现自己—自己肯定自己—自己超越自己。其实孩子首先要做的就是执行计划,只要在孩子行动上表现出了"现在就做"这样的习惯,那么经过切实的努力肯定会克服弱点取得学业成功的。

2. 在一定程度上放手,不过多干涉孩子的学习。

不要过多地过问孩子的学习或复习情况,过多地督促其实就是给孩子增加心理负担,同时还会给孩子增加焦虑和烦躁情绪,这个时候鼓励或鞭策是没有任何效果的。在生活上多给孩子一些关怀,同时要相信孩子,让其自主、独立地学习。用语言和行动告诉孩子:做最好的自己。只要你尽

到了自己最大的努力，不管结果如何，做父母的不仅不会责怪你，而且还会贴心贴肺的理解你。

3. 学会站在孩子的角度想问题，理解他们的思想。

在成人看来很愚蠢的错误，在孩子的眼里可能是经过百般斟酌、冥思苦想得出的最优选择。很多时候，在你滔滔不绝、口若悬河地给孩子提建议的时候，孩子只不过在感受你的语气忽略了你在讲什么。真正理解了孩子，在说话的时候才有可能让对方感受到你的善心。这时候你说的话他才有可能有心思听，否则，对方根本就不会听你说。

4. 让孩子能够理解并接受父母的好意。

常有家长抱怨孩子不理解自己的心。这就是说家长没有对孩子进行正向性的教育。正向的意思不是你觉得这是对对方好的，而是让对方从心里觉得这是对自己好的。很多家长内心有根深蒂固的偏见，总是把自己认为好的东西强加到孩子身上。他们有这样的经典台词："孩子要是……那才是好孩子。""一个孩子怎么可以……呢？"

5. 永远记得建议和命令的区别。

建议，顾名思义，就是孩子有不听从的权利。很多家长明明是提建议，但总是用命令的语气。跟孩子提了建议，如果孩子不听，就着急。经典台词是："我都很和气地跟他说过了，他还是不听，你说可气不可气？"请问，这是不是说明你一开始就认定孩子一定要听你的？否则孩子不听你怎么会生气着急呢？甚至会采取各种强硬措施来强制执行。这样的建议，孩子一定不会听。凭什么你给了建议，人家就一定要听？"建议"的意思是，如果对方觉得好，执行又不困难，想执行的话，就去执行。如果孩子觉得不好，或者执行有困难，就会不想执行，孩子是独立的人，有自己选择的权利，家长会不会尊重孩子，并不是单纯的技巧问题。

6. 和孩子拉近距离，让孩子意识到父母也是从孩子成长起来的。

在关系融洽、气氛和谐的时候，多给孩子讲一讲自己人生中遭遇到的挫折和在艰难困苦，自己是怎样面对困难和挫折的，又是怎样战胜困难、挫折的。因为孩子毕竟还小，对于创伤和挫折经历很少，甚至还没有经历过，这个时候父母就是他的镜子和榜样。你多向他谈及这些，势必会对他产生积极的影响。

7. 提建议时不要带有不良的情绪。

如果提建议时,带上了批评、指责、怀疑、挖苦、审视等情绪,就会大大降低孩子接受的可能。别以为孩子听不出来。孩子表示默认的时候,你会说:"你看,你看,我好好给你建议,你却不听。那你要我怎么做啊?"要知道,这是强词夺理。孩子早就发现你带着情绪呢,你却冠冕堂皇地说这是好心的建议。除了从你身上学会虚伪和狡辩,我想孩子很难再学到积极的东西了。建议就是建议,最好别带着情绪。作为成年人,你应该是自己情绪的主人,对于孩子的成长,你充其量只要负部分责任(因为除了你,还有老师、同学、社会在教育他,如果他成才了,你也只有部分功劳),但是对你自己的成长,你得负全部责任。

118

名人谈教育

道德教育最简单的要素是"爱",是儿童对母亲的爱,对人们积极的爱。这种儿童道德教育的基础,应在家庭中奠定。儿童对母亲的爱是从母亲对婴儿的热爱及满足其身体生长需要的基础上产生的。进一步巩固和发展这一要素,则有待于学校教育。教师对儿童也应当具有父子般的爱,并把学校融化为大家庭。

——裴斯泰洛齐

让孩子学会倾听

很多孩子都有炫耀自己聪明的禀性,长幼不分,说话没大没小,经常插话并打断别人。只要我们留心观察就会发现很多孩子在大人们谈话时,能插话多次,这个习惯确实不好。这首先是对别人的不尊重,其次也影响了自己对信息的接收。而且,家长被孩子打断的思路,有时候很难再找回来。而孩子爱插话往往是为了表现自己或引起他人的注意。孩子一般表现为不去注意听大人讲的事,而是想方设法表现自己。

沈浩是一个心直口快的学生,在班会上以及和别人谈话时,总是抢先发言。当别人说话时,他常常在中间打断,迫不及待地说出自己的想法。

而且，他不是举手打断，而是直接坐在自己的位置上大声发表言论。

他从来不认为这是一种很不妥当的做法。对于自己常常打断别人的讲话这一行为并没有丝毫悔意，反而觉得自己的话能给发言的同学以启发，自己的观点都是正确的，而且一定要说出来。不管这时别的同学是否在陈述个人的观点，都应该为他"让路"。

有必要改正孩子这种以自我为中心的习惯。针对孩子性子急、不知道尊重人这一习惯特点，家长应该让孩子学会倾听别人的谈话。要告诉孩子：在谈话时，别人想要表达什么观点，都要听明白，注意去听，一切疑惑都要等别人陈述完毕后再进行提问。

要让孩子知道，学会倾听别人讲话，不随意打断别人，是一种有教养、有风度的表现。只顾自己滔滔不绝，无视他人的存在，是一种不礼貌的行为。要让孩子学会尊重他人，就要让他在听其他人讲话时，尽量保持安静。在别人陈述完毕后，再表达自己的看法。父母以自己做榜样有助于孩子养成良好的习惯。

1. 家长首先要学会认真"倾听"孩子的话。

在孩子和你说话的时候，最好注视着他的眼睛。我们知道，听人说话时看着对方的眼睛有助于集中注意力。当孩子说话时，父母要做一个好的倾听者，给孩子以正确的示范。不要一边低头忙于自己的事情，一边对孩子说："宝贝，你说吧，我听着呢！"如果孩子有话要讲，父母亲专注倾听的表情，会传递给孩子一种信息，那就是，他表达的思想和意见很有趣，他的话很有价值，值得别人倾听，同时也让孩子感觉到自己的重要性。在充满自尊自信的情境中，孩子容易学会如何去关注讲话的人。

2. 不要打断孩子的话，要听孩子把话说完。

有的父母总是自作聪明，把孩子想说的话先说了，以示自己对孩子的理解。曾经见过一个孩子指着一辆汽车说："妈妈，你看。"妈妈立即接过话说："你说的是那辆汽车吗？黄颜色的，真漂亮，对不对？"孩子"嗯"了一声，再没说话。这样一来，让孩子认为，妈妈能帮他说出自己的想法，妈妈说的话就是他想说的话。这既不利于孩子自信心的建立，也不利于良好的表达和倾听习惯的养成。

而更多的情况下家长说的只是自己的观点，而不是孩子想说的话。即

使是很小的孩子,也有自己的思想和观点,父母只有仔细倾听孩子的心声,才可能进一步了解和理解孩子。所以千万不要急于打断孩子的话,不要急于帮孩子表达,哪怕你说的和孩子想说的是一样的,更何况,父母很少能准确说出孩子真正想说的话。

3. 在孩子有倾听行为时予以鼓励和肯定。

在孩子第一次学会倾听时,我们就要表扬与赞赏。当孩子学会倾听时,我们一个小小的夸奖,就是孩子继续保持好习惯的动力。所以,请不要吝啬对孩子的表扬,时间长了,孩子就会养成尊重他人的习惯。

有时候,听孩子说话,确实需要很大的耐心。孩子语言表达能力有限,这就需要听话人的耐心。父母专注倾听是对孩子的最大支持,因为倾听是一种从精神和感情上关爱孩子的重要方式,特别是在孩子情绪不好时,父母的耐心倾听会给孩子很大的精神支持,可以帮助孩子及时摆脱负面情绪,同时,也给孩子树立了一个好的倾听者榜样。

名人谈教育

没有一种礼貌会在外表上叫人一眼就看出教养的不足,正确的教育在于使外表上的彬彬有礼和人的高尚的教养同时表现出来。

——歌德

鼓励孩子交谈时多提问

1. 要保护孩子渴望探求的心。

父母不要总是给孩子公认的真理,要让孩子有自由思考的余地。应该站在孩子的角度上理解孩子的问题。好问是孩子的天性,他们对周围的事物有浓厚的兴趣,并以兴趣为出发点,琢磨、研究,从而发现问题、学到知识,甚至有所发明创造,因此,聪明的父母要学会保护孩子的质疑之心。

只有抱有好奇心,才能提出有创意的问题。孩子提问题,说明孩子对问题感兴趣,父母珍视孩子的提问,是在保护孩子的求知欲,如果压制孩子

的好奇心；那么，孩子的发问能力就不会得到发展。孩子有质疑之心，说明孩子是在真正地思考问题，这在学习中是必需的。孩子只有对知识和学问抱着怀疑的态度，才会获得更加丰富的知识，增加自己的智慧，实现学习上的进步。因此，父母一定要保护孩子的质疑之心。

为了保护这种质疑的习惯，父母应站在孩子的角度思考和看待问题，学会换位思考。当发现孩子的质疑之心时，要学会理解和支持，更要不失时机地肯定和引导孩子。

2. 认真对待孩子提出的各种问题。

也许很多时候孩子的问题很奇怪，可是，只要孩子提出了自己的问题，就说明他们在学习的过程中已经动了脑筋，而且也反映出孩子对父母的信任。父母对待孩子提出的问题，要持有冷静、客观的态度，认真为孩子作答。另外，孩子向父母提问，是他们求知欲望的体现，也可以反映出孩子对知识的掌握程度，父母可以利用这个机会，发现孩子的长处和缺点，因势利导，有的放矢地进行教育。

在解答孩子的问题时，对于难度适中的问题，父母应该详细解答，直接告诉孩子答案，同时告诉孩子自己的解题思路。对于难度较高的问题，父母不必感到难堪，更不要用训斥的方法来维护自己的权威，而要坦诚地告诉孩子自己不知道，并和孩子一起来讨论，为孩子树立起实事求是的榜样，这样还可以激发起孩子的求知欲望。

卡尔·威特三四岁时，爸爸每天都要把他带到郊外去，让他接触和观察大自然的千变万化。有时候，爸爸会捉一些昆虫，然后用浅显易懂的语言，教给他昆虫方面的知识。遇到自己也不知道的问题，爸爸便会老实告诉孩子："这个问题我也不知道，我们一起去找答案吧。"

无论孩子提出什么样的问题，父母都要耐心倾听，力求做出正确的回答，并要考虑孩子的年龄特点。此外，父母要鼓励孩子提问，充分调动孩子的积极性。

3. 要让孩子勇于提问，善于提问。

父母首先要做到善于向孩子提问，经常和孩子谈论一些他们感兴趣的话题，从而引导孩子学会思考和提问。在提问孩子的过程中，内容要符合

孩子的年龄和知识范围,不能提得过难或过易,不然会挫伤孩子思考的积极性。孩子经常处于提问和思考的环境之中,自然会慢慢学会提出自己的疑问,进而养成质疑的习惯。

父母要掌握和孩子说话的技巧,启发、引导孩子的好奇心,比如不马上为孩子提供答案,而是采取进一步提出疑问和制造悬念,激起孩子更强的求知欲。

4. 鼓励孩子自己找到问题的答案。

对于那些通过孩子自己独立的思考能够搞清楚的问题,父母要善于引导,注意拓展孩子的思维。如果问题是孩子自己稍微动脑就可以解答的,父母就不要直接给孩子答案,而要鼓励孩子自己思考,否则孩子会养成什么事情都依赖父母解答的坏习惯。

父母不妨让孩子多接触新鲜的事物,鼓励他们发现问题,并自己去寻找答案,以满足他们的好奇心和求知欲。孩子在自己答疑的过程中,也会逐渐掌握解决问题的方法。

5. 孩子提出的有创造性的问题时要进行夸奖。

赏识是一种鼓励,让孩子更加大胆地去质疑。父母千万不要否定孩子的意见,要站在孩子的角度,从他们的年龄特点和思考方式出发,积极肯定他们的想法。

名人谈教育

朋友是宝贵的,但敌人也可能是有用的;朋友会告诉我,我可以做什么,敌人将教育我,我应当怎样做。

——席勒

增加与孩子的心灵沟通

大多数家长都非常忙,每天要做的工作很多,此外还有很多需要劳心费神的事情,不知不觉中,与孩子交流的时间就少了。然而,安排出固定的时间与孩子交心,就像阳光对植物一样重要。其实,让孩子理解自己,不是

要靠命令而是感情。任何一个人都不会拒绝真心帮助自己的人，但肯定会拒绝一个想控制自己的人，亲子交往亦如此。孩子需要你发自内心地鼓励他们。无论他们说了什么、做了什么，他们身上的优点永远都等待着你发掘他们的价值。以他们为荣，为他们指引人生路径。你这么做了之后，就会惊讶地发现他们的人生竟能如此精彩。

孩子不理解自己、不听话的问题几乎所有的家长都遇到过，"都是为了你好"是不少家长共同的行为和口头禅。可是，却越来越难以触动孩子的心灵了。因为，上了中学的孩子，其自我意识已经萌发，他们开始用自己的经验和心灵去体验、评价身边的人和事，开始形成自己的价值观与人生观，这种体验与成人过去灌输给他们的价值观是有本质区别的。可是他们的经历毕竟有限，经验不足，这时他们需要成人给予他们真心的帮助。而家长根据自己的经验教育孩子时，附加了许多的"控制"，限制了孩子所需要的心灵的自主与自由，于是，就产生了"叛逆心理"，并以一些过激的言语与行为表现出来。原有的家庭教育模式面临着危机，于是母子双方的隔膜不可避免地产生了。

要与孩子保持心灵的沟通，就要注意以下问题：

1. 听孩子说话时要有耐心。

当孩子缠着你问这问那时，不要觉得厌烦。停下手头正在做的事，看着孩子的双眼，给他们百分之百的注意力，多倾听可以表现出你对他们的重视与关心。给予孩子成人般的尊重，只要几分钟他们就很满足了。孩子需要知道自己所说的话很重要，这样才能培养出他们的自信心。

2. 和孩子要有共同话题，对孩子关心的事感兴趣。

有的家长一跟孩子说话就是你考了多少分，好像毫不关心其他问题似的。交谈的内容不应当仅限于学习方面，而应当尽量宽泛，尤其是孩子感兴趣的问题。比如，孩子的朋友、爱好甚至喜欢的游戏，使孩子觉得自己受到父母亲的重视。被父母亲认可的孩子，内心充满了阳光。孩子的兴趣不是你的兴趣，你的心很容易就被自己忧虑的事霸占住了。然而，真心实意地认可孩子，就是要对孩子的朋友、游戏、嗜好都感兴趣。当你对孩子所做的事感兴趣时，他就会发光发亮。多了解他心里想些什么，而不仅是无微不至地照顾他的生活。相反，亲情是一种互动，你应当也表现出需要孩子的关心和照顾，培养孩子对家庭和他人的责任感。

123

3. 花时间陪孩子,采取多种沟通方式。

孩子需要的是陪伴。陪伴孩子的时间永远不够。似乎你越陪伴他们,他们需要的时间也越多。然而,这一切终究会改变。总有一天,他们不再需要你陪伴了。最终,他们会忙到找不出时间陪你了。

一定要给孩子应有的支持。当孩子需要父母在身边时,父母却无法出现。这是孩子及父母都无法忘却的伤痛。尽力而为,准备迎接孩子的大事——生日、毕业典礼、婚礼。告诉孩子,他们奋斗成功时,你为他们高兴;当他们心碎时,你陪伴他们;在他们挣扎的时刻,你提供支持。不要以为孩子没有向你开口,就表示他们不需要你的爱。

名人谈教育

初期教育应是一种娱乐,这样才更容易发现一个人天生的爱好。

——柏拉图

和孩子沟通时要懂得换位思考

孩子青春期的时候父母也正值壮年,忙于自己事业,难免与孩子疏于沟通,甚至以强硬的态度对待孩子,可是这样只会让孩子做出更令家长头疼的事来。一边是年少不更事的逆反,一边是烦躁不安、怒气冲冲。所以父母与孩子之间总是冲突不断:父母亲总觉得难以跟孩子沟通,话没说两句孩子就暴跳如雷;孩子更觉得父母亲的话不中听,整日唠唠叨叨,还总以轻蔑或质疑的态度相向。

这样的例子在生活中经常能够看到,想要化解父母与孩子之间的冲突,使沟而不通的情况得以缓解,最重要的方法就是学会心理换位。当你对别人的言行产生不满情绪的时候,不妨把自己想象成对方,站在对方的立场上想一想。如果是你,你会不会做出和他一样的行为,说出和他一样的话语,为对方的言行寻找出恰当的理由,从而充分理解对方,化解与对方的对立情绪,以取得调节自己的不良情绪、理智地解决问题的良好效果。

孩子一天天长大,也越来越难管了。顶撞父母的次数越来越多,有时甚至有意跟我对着干。让她帮忙递一下东西，她会说："自己的事情自己做。"给她指出缺点和错误，她小嘴一撇："我没错，你才有错呢！"她还经常说一些毫无道理的话："我就是聪明，聪明才做错。"有客人来时，她也会"人来疯"，实在令人生气。有时候，一气之下就使用武力让她屈服。但我明白，这是一个很不可取的方法，女儿是口服心不服，就连认错都是气冲冲的。大嗓门只能暂时镇住她，嗓门的高度终究是有限的，靠训斥也只能让她暂时屈服，终究有一天，她会长大，再说，也不能给孩子一种"谁的嗓门高，谁说了算"的错觉。可女儿总这样，如果对她放任不管，听之任之，又怕她养成诸多恶习，最终走向歧途。唉，如今的家长真难做啊！

吃饭时，女儿又像往常那样一边吃一边玩，吃几口就到别的地方转一圈，我不生气，拉着女儿的手，把她牵回餐桌旁："兰兰，如果你将来做了妈妈，你的孩子在吃饭时也像你那样，你说好不好？你会怎么做？"女儿一下愣了，继而不好意思地笑了起来。这一招还真灵，虽然她有时仍会控制不住自己离开餐桌，但马上就会意识到错误，还会说："哎呀，又忘了。"而不是像以前那样一味地坚持错误。

尝到了甜头，我不再对女儿呵斥，而是经常让她换位思考。当她将好吃的菜都挪到自己的面前时，我就对她说："如果我们也将好吃的菜放到自己面前，不给你吃，你会高兴吗？"每次进行换位思考，女儿都能意识到自己的错误，渐渐地，女儿变了，也肯讲道理了。有时，还真像个大人呢！我也感觉到女儿正在长大。

沟通不是简单的谈话。做父母的要充分尊重孩子，以平等的态度对待孩子，不仅要做父母，还要做孩子的朋友。遇到事情时，换位思考一下，如果自己是他会怎么样？如果自己的父母凡事都要命令你"听我的"，你会怎么样？就这一问题，给家长们提出了一些建议：

1. 不要一味地批评指责。

孩子也有自己独立的人格，也需要尊重。很多家长放不下做家长的尊严，在孩子面前扮一副权威的样子，要求孩子服从自己的"领导"，而这正是这个年龄段的孩子最反感的。所以，在和孩子沟通的时候，给予孩子足够的尊重和平等是很重要的。

2. 听懂孩子的心声。

在没有听懂孩子的心里话之前，不要急于给出自己的意见，和孩子一起客观地分析问题,再一起讨论解决的方法。潜移默化中把自己的观点融入其中,使孩子能够在不改变初衷的前提下接受家长的建议。你要明白,很多时候不是孩子不会做、不想做,而是他们做不到。所以要耐心再耐心,给他们再多点鼓励和尝试的机会,永远要相信一切只是时间问题!

3. 对孩子的成就要认可和肯定。

孩子在言行和思维方面有了一定的进步,家长要及时给予适当的认可。每一个人都要成长,都要具备独立生活的能力,要培养这些能力,付出成长的代价是谁都逃不过的。作为家长,在孩子的成长过程中,要做的是协助他而不是取代他。因此,给孩子独立做事的机会,并且客观地看待事情的结果,认可孩子独立做事的愿望,也是对孩子成长的一种帮助。

名人谈教育

教育不是注满一桶水,而是点燃一把火。

——叶芝

用故事训练孩子的倾听能力

不管孩子还是家长都要懂得倾听。由于独生子女在家庭中的特殊地位,孩子的表达能力增强了许多,可是有些习惯却不好,如大人说话时常插嘴,不能认真仔细地听等。要发展孩子的倾听能力,必须培养孩子良好的倾听习惯,这是提高孩子听懂语言能力的重要保障。应让孩子懂得在听故事、听别人讲话时,要尊重他人,可以自然地坐着或站着,眼睛看着说话的人,并且不随便插嘴,安静地听他人把话说完。倾听是一种礼貌。

古代有个小国派人到中国来,进贡了 3 个一模一样的金人,金光闪闪,把皇帝高兴坏了。可是这小国不厚道,同时出了一道题目:这 3 个金人哪个最有价值?皇帝想了许多的办法,请来珠宝匠检查,称重量,看做工,都是一模一样的。怎么办?使者还等着回去汇报呢。泱泱大国,不会连这件小事都不懂吧?

一位老大臣终于想出了办法。皇帝将使者请到大殿，老臣胸有成竹地拿着3根稻草，插入第一个金人的耳朵里，这稻草从另一个耳朵出来了。第二个金人稻草从嘴巴里直接掉了出来，而第三个金人，稻草进去后掉进了肚子，什么响动也没有。老臣说：第三个金人最有价值！使者默默无语，答案正确。

这3个金人分别代表了什么意思是显而易见的。第三个金人因为善于倾听别人的意见而价值最大。这个故事告诉我们：一个人学会倾听是十分重要的。不重视、不善于倾听就是不重视、不善于交流。交流的一半就是用心倾听对方的谈话。

倾听不只意味着听。倾听既是一个听的过程，也是一个学的过程。在倾听的过程中，孩子可以从他人的言语中学习到一些自己不知道的知识和他人为人处事的态度与原则。

韦恩是罗宾见到的最受欢迎的人士之一，他总能受到邀请。经常有人请他参加聚会、共进午餐、担任基瓦尼斯国际或扶轮国际的客座发言人，打高尔夫球或网球。

一天晚上，罗宾碰巧到一个朋友家参加一次小型社交活动。他发现韦恩和一个漂亮女孩坐在一个角落里。出于好奇，罗宾远远地注视了一段时间。罗宾发现那位年轻女士一直在说，而韦恩好像一句话也没说。他只是有时笑一笑，点一点头，仅此而已。几小时后，他们起身，谢过男女主人，走了。第二天，罗宾见到韦恩时禁不住问道：

"昨天晚上我在斯旺森家看见你和那个迷人的女孩在一起。她好像完全被你吸引住了。你怎么抓住她的注意力的？"

"很简单。"韦恩说，"斯旺森太太把乔安介绍给我，我只对她说：'你的皮肤晒得真漂亮，在冬季也这么漂亮，是怎么做的？去哪呢？阿卡普尔科还是夏威夷？'"

"夏威夷。"她说，"夏威夷永远都风景如画。"

"你能把一切都告诉我吗？"我说。

"当然。"她回答。我们就找了个安静的角落，接下去的两个小时她一直在谈夏威夷。

"今天早晨乔安打电话给我，说她很喜欢我陪她。她说很想再见到我，因为我是个有意思的谈伴。但说实话,我整个晚上没说几句话。"

看出韦恩受欢迎的秘诀了吗?很简单,韦恩只是让乔安谈自己。他对每个人都这样——对他人说:"请告诉我这一切。"这足以让一般人激动好几个小时。人们喜欢韦恩就因为他注意倾听他人的心声。

有好的倾听习惯是赢得良好关系的金钥匙。孩子要与人融洽相处,流畅地交流,必须要先学会倾听。培养孩子的倾听能力,使孩子养成良好的倾听习惯,会对他们的人生产生不可估量的作用,对素养的全面提高起到巨大的推动作用。学会倾听,也就学会了尊重别人,学会了真诚处事,学会了关心,也学会了理解和沟通。倾听也是形成良好人际关系的关键。人有两只耳朵一张嘴,就是为了少说多听。

倾听不只要会听,还要听得懂。"学会倾听"有两层意思,一是要求听别人讲话要用心,要细心。"倾听",即是细心听、用心听的意思,这也是一种礼貌,表示对说话者的尊重;第二层意思是要"会听",要边听边想,思考别人说的话的意思,能记住别人讲话的要点。让孩子们学会倾听是培养一切良好习惯的基础。无论是好的学习习惯抑或是行为习惯,都源于最初的倾听。

上天赐人以两耳两目,但只有一张口,欲使其多闻多见而少言。

——苏格拉底

128

第六章　父母如何听，
　　　　　孩子才会说

父母要蹲下来听孩子说

很多大人都习惯对孩子发号施令，把自己的思维和主观愿望强加到孩子身上，而很少考虑他们内心的想法。这是一种错误的方法，亲子教育中，家长需要学习的东西很多，其中最重要的一点就是尊重孩子成长的轨迹，从人性需求的角度出发，给他一个很好的发展环境。

不少家长总觉得孩子是自己的私有物品，或者把孩子看成宠物，在教育孩子的时候，习惯于采取居高临下的姿势："我说你不对你就是不对！""我叫你这样做你就得这样做！"如此这般缺乏平等气氛，没有商量余地，即使说得在理，也往往没有好效果。家长对孩子有养育之恩，而且在处世经验、人生阅历、知识文化上处于优势，处于教育者的地位不言而喻。但是教育者和被教育者在人格上是平等的，并无尊卑、高下之分。

家长的威信不是靠强硬的手段得来的，家长采取平等商量的态度和孩子说话，有利于营造和谐宽松的家庭氛围，既以理服人又以情感人，就比较容易为孩子所接受。这是因为孩子感受到自己的人格和尊严受到大人的尊重，在心理情感上不会产生排斥性，只要大人说得有道理他就爱听。有的家长发现孩子的过失就怒火中烧，不由分说地训斥，语气过于严厉、言辞过于尖锐，甚至吹胡子、瞪眼睛，以势压人。这就难免引起孩子反感，孩子或辩驳、或顶撞、或反击，甚至弄得家长下不了台，气不打一处来。

与孩子的视线保持平行，就是尊重孩子。可现在不少家长对孩子在物质方面关爱有加,而对孩子的人格尊严却不以为意,无端干涉孩子的自由者有之,随意扼杀贬斥孩子的个性爱好者有之,自以为是、指手画脚者有之,甚至侵犯人权、损害尊严、伤害人格者亦有之。家长与孩子的矛盾造成严重后果、最后诉诸法律的事件正日见其多,很多家庭,在不经意间,付出了损害孩子身心健康的沉重代价。

小魏的父母都是文化水准很高的人,因此对他的教育也格外的严。父母的专制,使家庭气氛紧张,孩子动辄得咎,处处谨小慎微,畏首畏尾,导致精神压抑,想说的话不敢说,想做的事不敢做,结果自卑消极心理滋长,性格扭曲,智能发展也受到影响,常常不爱说话,莫名其妙地发脾气,父母也感到很奇怪。听了教育专家的话以后,跟孩子平等相处,渐渐地发现孩子变了,变得有爱心,理解家长了。

在教育的过程中,家长学会与孩子平等相处也是一种能力。家长与孩子以平等的地位和态度说话,既是教育平等、教育民主的要求,又是衡量教育艺术、教育水平的标志,也是家长和教师文明素质的一种反映。假如你的孩子老喜欢跟你顶嘴,你不妨换一种方式——蹲下来和孩子说话,试试效果如何? 家长蹲下来同孩子在同一个高度上谈话,同孩子脸对脸、目光对视着谈话,体现了家长对孩子的尊重,体现了成人对孩子的事情或问题认真又亲切的态度。同时,家长可以轻声细语地耐心说服教育,而不是自上而下地命令,更用不着大声呵斥。

感受平等有助于孩子的健康成长。采用这样的教育方式,能促使孩子意识到自己同成年人是平等的、是受到尊重,有利于从小培养孩子独立自尊的人格;能帮助孩子认真对待自己的问题或缺点;也可为孩子创造了乐于接受教育的良好心境,而不是使孩子听而不闻或产生逆反心理。这是一种很具体的教育方法,却体现了如何看待子女同父母的关系的教育观念问题,也从侧面体现着家长教育孩子的能力和水平。

身高的距离拉开了,心的距离也就拉开了。如果家长总是站着面对孩子,家长与孩子的距离,就不仅是身高上的几十厘米,而是一代人与一代人之间的距离,是一颗心与一颗心之间不能沟通的距离。蹲下来,倾听,对孩子来说是一种极大的关心与理解,是孩子能够接受的一种爱护;蹲下来,倾听,孩子离我们的距离就会缩短;蹲下来,倾听,是我们关心孩子内心世界的一种方式；蹲下来，倾听，营造出来的是一种民主、和谐的相互尊重的成人与孩子的关系，再没有比这更重要的事了。

名人谈教育

只有受过教育的人才是自由的。

——爱比克泰德

别中途打断孩子，让孩子把话说完

父母总是抱怨孩子大了，什么也不跟自己说，殊不知，孩子也有很多话想跟父母说，可是，每当他们想说话的时候，父母是怎么反应的呢？不久前，一家社会咨询机构对两千名在校学生做了一次问卷调查，结果显示，"住口"是孩子们最不愿意听到的父母说的话。这里先来看一段资料："父母让我们住口，而他们却整天喋喋不休。""父母太小瞧我们了，一点也不给我们讲话的机会。""为什么让我们闭嘴？我们心里有许多话要说给父母听呀！"

孩子最讨厌的事情就是父母永无止境的唠叨。常常有这样的情况：父母决定了一件事，孩子持有反对意见，刚说了一两句，父母就听不顺耳了，喝令他"住口"。父母老是觉得孩子不懂事，轮不到他们说话。其实，孩子从他自己的角度看问题，往往有独到的见解，哪怕孩子气一点，也可以启发父母，弥补父母的决定或认识的不足。

孩子犯了错误，父母却总是凭着自己的了解对孩子的行为做出评价，而孩子又据理力争。这时做父母的气上加气，心想："你犯了错还狡辩？"于是，对孩子一声断喝："不用解释了！"你能想象得到孩子这个时候有多委屈吗？哪怕事后你为冤枉了孩子而向他道歉，但对他的伤害已经造成。法庭审问犯罪嫌疑人还给其申诉的机会呢，怎么做父母的就不能容忍孩子为自己的过失辩解？

赵先生整理房间的时候，无意中看到女儿写的一篇日记，那里面满是委屈："爸爸一本心爱的书不见了，他几乎把整个家翻遍了，也没找到。后

131

来,他认定是我弄丢了,把我找来质问。我正要解释,他不容分说地就大骂了我一顿……"看完那篇日记,他感到脸上火辣辣的:那本书一年前借给了一个朋友,时间一长,他就忘了,以至于错怪了女儿。女儿本是个爱看书的孩子,自从那次以后她再也不敢到他的书橱里找书看了。其实,如果他能听女儿把话说完,就不至于发生这一切。

父母阻止孩子说话,往往是出于这样几种心理:

1. 说了父母不爱听的话。孩子的话说到父母的痛处,让父母觉得没面子。

所谓童言无忌,孩子总是想到什么就说什么,没什么忌讳。父母不妨抱着轻松的心态听听孩子怎么说,或许自己也能受到启发。

2. 父母要维持自己所谓的权威。

总认为自己是对的。这样的父母属于顽固型,不听解释,老认为孩子是在找借口。长期如此,孩子就会慢慢习惯了沉默,哪怕是受到冤屈,也缄默不语。一个不会据理力争的孩子,很难适应这个竞争激烈的社会。

3. 不认可孩子的思维。觉得小孩子不懂事,没有耐心听孩子说。

其实,孩子的思维比大人简单得多,往往能从复杂的事情中看到本质的东西。孩子也有话语权,他想说话的时候,父母应该给他机会表达。老是被"住口"二字打断话头的孩子,慢慢就变得沉默了,他也就懒得跟父母说话交流了。这是因为父母的"禁令"让他觉得自己的意见根本不受重视,说了也是白说。而一旦出现这种情况,孩子的自我表达能力便会逐渐降低。这对于他的成长和人生都是非常不利的。

其实,孩子也有自己的道理,老是听到"你不用解释"的孩子,会渐渐习惯于放弃为自己辩解的权利,会背着很多的冤屈一个人默默承受。而这样的重负很可能让他出现严重的心理问题。所以,你给孩子发表意见的机会,也就是在避免上面提到的种种不良后果。其实,听孩子把话说完,又能浪费你多少时间?而你又多了一个了解孩子的机会。你可以根据孩子说的话进行有针对性的教育。他理解有偏差的地方,你可以纠正;他看法片面的时候,你予以补充。这样,孩子的判断能力和思维能力都能得到提高。

有的时候，孩子的话确实有不周到或者不正确的认识，这时家长可以及时给予引导。在家长的引导下以正确的交流方式说话不仅增长孩子的见识，锻炼思维能力，而且可以培养孩子与人交流的能力。除了在他想说话的时候，让他尽情地说以外，还要在他沉默的时候鼓励他说。因为有的孩子根本没有为自己辩解的意识或者胆量。鼓励孩子说出心里的想法、不满或者委屈，会让他变得善于思考，也会使他的自主意识和表达能力得以增强。每个人都有话语权，让孩子把话说完，就是对孩子人格的一种尊重。让我们放平视线去看待孩子，用真诚宽厚的心去爱孩子，特别要时刻提醒自己："让孩子把话说完！"

教育的目的在于能让青年人毕生进行自我教育。

——哈钦斯

133

要听懂孩子的弦外之音

中国的父母总是说，"你是我的孩子，你要听我的"，而外国的小孩是怎么说的呢？"我是你的孩子，所以你要理解我所说的话。请不要笑，这不是让你笑的，而是让你听懂的，否则我不原谅你。"说这话的是一个法国小姑娘。

俗话说"知己知彼百战百胜"，如果要达到教育的效果，那么首先要了解孩子心中所想，才能明白孩子的真实意图。而许多父母老是在那里自以为是地评价，孩子的话总是被打断，使他根本无法完整地表达一件事。更何况，父母的评价总是站在一个成人的立场上，有些评价对他来说也许不太适合。

要给孩子说话的机会，作为一个称职的父母应学会倾听、乐于倾听。善于倾听孩子的弦外之音，才能把握孩子的喜怒哀乐，真正了解孩子在想些什么，要求什么，希望什么；才能真正领会孩子的思想意图，分享孩子的快乐，真诚地为孩子的进步而高兴，为孩子的成功而喝彩；才能有效地用父母的体贴去化解孩子的烦恼，营造出充满爱意的家庭环境；也才能赢得与

孩子的真诚友谊。因此,作为父母千万不能忽视倾听孩子的弦外之音的作用。

天气十分炎热,刚下班的妈妈浑身是汗地骑着自行车在人流车流中艰难地前进。女儿坐在她的车后,向她讲着在班里与同学闹别扭的事,劳累疲惫、心里正烦的她毫无反应地听着。渐渐地,女儿的声音弱了下来。突然,她小声说:"妈妈,我差点儿忘了,老师让买一盒橡皮泥。"妈妈不耐烦地说:"早干吗去了,刚才路过文具店为什么不说!"谁知当她极不情愿地带着孩子返回文具店时,女儿竟然气鼓鼓地自己跳下车,恨恨地说:"不买了,回家!"说完,头也不回地径直往家走。

一进家门,妈妈就冲到女儿面前质问她为什么这么不听话。女儿眼泪汪汪地望着她说:"妈妈,你知道吗,小孩儿也很可怜!"妈妈一下子愣住了,像遭到重重的一击。女儿的小脸通红,哽咽着:"妈妈,你们父母心烦的时候,可以对小孩儿发火;小孩儿心烦的时候,找谁发火呢? 你知不知道,小孩有时也很难受……"孩子的话使妈妈的内心长时间无法平静。

每个家长一方面对孩子有那么多的要求,一方面又不愿跟孩子沟通,以告诉他们怎样去达到这些要求?望子成龙的殷切期望、缺乏兄弟姐妹的亲情沟通、繁重的学习压力……使他们太需要心的交流和沟通。许多父母常常忽视了这一点,而只关注孩子的学习,只看重每次考试的分数,却不知道这样不利于孩子心理的健康成长。所以,许多孩子变得不愿和父母说话。在这种环境下成长起来的孩子,又怎么会不和父母产生代沟,不心生隔膜呢? 那么,怎样才能更好地倾听孩子的弦外之音呢? 下面介绍的几种方法,不妨作为父母们的参考。

1. 倾听和尊重孩子的感受。

父母应安静、专心地倾听,但不给予评判。父母不必接受孩子所有的行为表现,而只是接受他的感受。例如,孩子可以告诉父母他对小伙伴有多生气,但父母不能允许孩子通过嘲弄或打人来表达他的怒气。

2. 让孩子感受到你的耐心和诚意。

父母的关注鼓励着孩子向自己的父母表达想法和感受。父母应停下

正在做的事情,转向他,保持目光接触,并仔细地听。同时还要通过点头或不时地"嗯……","是的……"等来显示父母对他的注意。

3. 了解孩子的意图后告诉孩子你的看法。

不时地总结、重述或复述孩子所讲的关键内容,包括他的感受以及导致这种感受产生的情境原因。仅仅倾听和理解是不够的,父母还必须用语言对他所说、所想及所感的事情作出回应。但尽量不要逐字地重复孩子的话,应使用相似的语言来表达相同的意思。只有理解孩子的感受,父母才能给他提供忠告、建议或教他以不同的方式看待情境。如果父母先给予这些帮助,那将会妨碍孩子努力去表达和理解自己的感受。

名人谈教育

荣誉感是一种优良的品质,只有那些禀性高尚、积极向上或受过良好教育的人才具备。

——爱迪生

135

认真对待孩子的意见

有很多孩子都有这样的怨言:"每当我和爸爸的意见不一致时,他都以势压人,不让我说话,有的批评根本不是那么回事。"家长不允许孩子发表意见,也不调查问题的来龙去脉,而是一味地大发脾气,这种做法是违背教育宗旨的。

从心理学的角度讲,父母和子女发生矛盾,是在所难免的。作为家长,应该让孩子把意见陈述完,要耐心地倾听,如果不等孩子讲完话,家长就凭主观臆断下结论,必然会带来一系列的消极后果,孩子的逆反心理将会表现得十分强烈。每个人都盼望别人尊重自己,孩子也不例外,父母只有尊重孩子,所说的话才有可能产生效果,何况在许多争论中,孩子往往是站在真理一边的。

孩子需要理解,由于身体、智力发育不成熟,有许多不同于成人的特点,所以比成人更需要理解。可有些家长忽视了孩子的这些特点,常常不

同孩子处好关系的100妙招

自觉地用成人的行为标准要求孩子，其结果往往对孩子造成伤害。

家长在听取孩子意见和孩子交流的时候，要在孩子能够理解的基础上。例如，我们常常可以看到，孩子把新玩具能拆开的地方都给拆开，他想知道里面的秘密，这正是好奇心所致。好奇心是孩子获取知识的内在动力，家长对此应正确理解，不要简单粗暴地制止孩子。再如，由于理解能力低，常常不能明白家长的教导。家长用反语说："你就这样做吧！""你就淘气吧！"可孩子不清楚大人语气变化的含义，误以为是一种鼓励。因此，家长对不同年龄段的孩子说话或教导时应考虑孩子的理解能力。没有对孩子真正理解而表达的爱是一种盲目的爱，只有理解孩子才能更好地爱护孩子、教育孩子。

孩子虽小，可他们内心世界却比较复杂，因为不善于表达，所以承受不了太大的压力，家长不跟他们好好沟通，就不会知道他们内心在想什么、喜欢什么、反感什么，这样很可能在他们的内心造成一层阴影，产生许多想法，甚至可能认为爸爸妈妈不喜欢他们了。

在一次家长会上，家长们纷纷交流让孩子提意见的好处，小磊的爸爸说：我儿子很善于用讽刺的方法给我提意见。比如我经常把自己关在房间里摆弄电脑，一次儿子在门上贴了一首打油诗："成天闭门搞电脑，知识没见长多少……"不知道他哪来的鬼点子。我也不介意，这首打油诗在门上贴了一个多月，但我还是没能采纳他的意见。我有抽烟的毛病，他妈妈要我戒，我就是戒不掉，那天儿子就对我说："现在为钱戒不掉，以后为命就戒掉了。"这句话比他妈妈劝我管用多了。

冯诗瑞的爸爸说：现在孩子的水平可比我们以前高多了，我们以前哪会跟家人提出什么意见。现在孩子跟我们提意见，对家长也是个督促，无论意见是否采纳，最起码做家长的可以知道孩子在想些什么，如果提得有理，还可以让我们改正。但我觉得一些近乎攀比、虚荣的意见，家长应该加以制止和引导。

在决定孩子的事情或者家里的事情之前，一定要多听听孩子的意见，看他对做这件事情的态度，如果小孩一点都不愿意做，而且，做不做这件事对小孩的成长没有什么影响的话，就一定要顺从孩子。如果这件事情是一定要做的，比方说，在学校的课堂学习或者作业，就不能让他太任性了。现

在，上兴趣班是许多孩子头疼的事，让小孩子玩都没得玩，真是有点冤。不应该让孩子上太多的兴趣班，如果他不喜欢，硬逼着他去上，那就不叫兴趣班了。要适当让孩子放松一下，不能学完一样又学一样，换了谁都受不了。所以，孩子的事情还是应该由孩子自己做主，家长参谋参谋、指导指导就可以了。

学习和考试是所有家长都比较关心的问题，每个家长都希望自己的孩子考一个好成绩。但是家长一定要正确对待孩子的考试成绩，就算孩子考试差了一点，也不要骂他，更不能打他，应该鼓励他下次考好一点。当然，也不要太宠自己的孩子，要什么给什么，想做什么就做什么，这样对孩子的成长也不好。

名人谈教育

每个人在受教育的过程当中，都会有段时间确信：嫉妒是愚昧的，模仿只会毁了自己；每个人的好与坏，都是自身的一部分；纵使宇宙间充满了好东西，不努力你也什么都得不到；你内在的力量是独一无二的，只有你知道自己能做什么，但是除非你真的去做，否则连你也不知道自己真的能做。

——爱默生

孩子提问时家长应该怎么做

爱提问题的孩子是爱思考的孩子。"疑问是知识的钥匙"，只要大人经常鼓励孩子提问，孩子就会养成思考的良好习惯。反之如果大人对孩子的提问感到厌烦或不予理会，久而久之，孩子的学习积极性就会受到挫伤，而懒于思考问题，影响其智力的发展。如何面对孩子提问呢？家长可从以下几方面来试试：

1. 鼓励和引导孩子的提问。

提问也是一种自学的方式，家长对此应采取支持和鼓励的态度，充分利用孩子渴望求知的心理对他进行各种教育。切莫因为孩子荒谬、怪诞的行为而斥责孩子。鼓励、肯定孩子的"为什么"。不要认为孩子的提问让人啼笑皆非、荒谬、怪诞而不加理睬或一棍子打死。给孩子一份理解、一份鼓

励、一份解答,也许就会造就一个科学家。所以,我们要让孩子从小就能够享受到探索事物的奥妙和乐趣。

2. 父母也不是万能的,解决不了的问题就和孩子一起探讨。

父母就算是学富五车,也会有答不上孩子提问的时候。有的问题很难回答,或者父母自己也弄不明白,不能随便搪塞过去或胡乱回答,更不能对孩子横加斥责。可以告诉孩子,自己暂时回答不出来,等请教了别人或查找书籍、资料后再回答,让孩子知道世界上有很多的奥秘和疑问,有的连父母也解决不了,以此激发孩子对世界的探索欲望。

对于那些自己也不很明白的问题,父母没有必要打肿脸充胖子,这样不但不能维持自己的威信,而且可能带给孩子错误的知识。对家长来说,这是一种很虚伪的表现。可以邀请孩子共同查找资料,共同找寻答案。切勿武断地对孩子横加批评,扼杀孩子的探索欲望。

甜甜是个很机灵的孩子,平时就爱动脑筋,一天,学校里留的家庭作业是画青蛙,甜甜画着画着,就想起一个问题:"青蛙有没有耳朵?"于是,她就问爸爸。爸爸也不知道,就随便说:"可能有吧。"就像这个例子,青蛙是有耳朵的,在头的两边有两个灰色的圆圈。只是没有耳郭(就是耳朵外面的软骨部分)。如果家长不懂装懂,给孩子一个错误的答案,对孩子来说,将受害一生。孩子知道真相后,也会埋怨家长,家长也会威信扫地。

3. 对一些怪问题的回答要干脆、利落,要讲究方式。

有时孩子故意提一些怪问题,目的在于难住家长,然后和父母讲讲条件。对这种提问,家长要干脆、利落,不要让孩子的小聪明得逞。还有一些问题的回答要讲究方式,不要弄巧成拙。

4. 对于孩子自己能弄明白的问题,可以先启发孩子自己想一想。

孩子提出的问题,有些是想到了就提出来问,并没有经过自己的思考。对这些提问,哪怕家长已经知道了答案,也不必急着先告诉孩子,而应启发孩子先思考。孩子经过自己动手做实验得出了结论,会很有成就感。在给孩子解答问题的同时,应该教给孩子认识世界的科学方法,使孩子学会独立思考。

许多年轻人通过一个笨拙的——粗制滥造的谎言使自己受到了永久的伤害，这是不完善的教育所造成的轻率行为。有些权威人士主张年轻人根本不应说谎。当然，这话说得有点过头；然而，尽管我不会走得那么远，我却主张——而且我认为我是对的——年轻人必须克制自己，不去使用这项异乎寻常的技艺。

——马克·吐温

注意孩子的肢体语言

139

通过肢体语言，家长能更好地了解孩子的内心和需求，这些特有的身体语言，只有父母才会读懂。世界各国的教育学家，都对男孩与女孩在"体语"上由于性别的不同而导致的差异进行了大量研究。他们发现，男孩和女孩在肢体语言上存在很大的差别。

举个很简单的例子来说：女孩子笑时捂着嘴；习惯拿手提袋；喜欢照镜子；走路时扭腰等。如果男孩子具有这些本属于女孩子的身体语言，就会被家长或伙伴们认为"女里女气"，成为被嘲笑的对象。这对于孩子的心理成长是极为不利的，家长要及时加以引导。家长要明白，要想孩子健康地成长，很好地与他人交流，就必须要注意肢体语言的性别差异问题。

让我们来看看一位困惑的母亲所说的话：我相信许多母亲和我的烦恼是一样的。在孩子成长的过程中，会有许多大人所不能理解的事情，比如一些奇怪的动作。我问孩子为什么会有这些动作，他也不说。我真怕他会有多动症的倾向。我希望自己的顾虑是多余的。但他的小动作真的让我不安，孩子这么小我就不知道他在想什么，天哪，我都不敢想象以后会怎样！我该怎样解决呢？身为家长我真不理解，以前那么可爱的一个孩子为什么会出现这种问题呢？难道这就是所谓的"80后"或"90后"正常的行为吗？

同孩子处好关系的 100 妙招

　　孩子的很多肢体语言只是在以另一种方式倾诉自己的需求，可父母往往看不懂。随着孩子的成长，烦恼也会越多。而很多母亲又是望子成龙或望女成凤，只是一味地让孩子学这学那，从来不问孩子的想法。随着时间的变化，当孩子出现一些习惯性的肢体语言，父母亲们抱怨看不懂时，我们是否检讨过自己？很少有父母会认为自己有错，只是想"这孩子怎么性格这么怪啊"，甚至打骂孩子。父母亲的严厉惩罚、过分干涉，往往只会让孩子的心理问题加重。

　　这时每个母亲都应该发挥自己身为女性的耐心。想想是不是要让孩子有一个属于自己的空间，或是心平气和地听听孩子的心里话。让我们站在孩子的立场，去仔细研究孩子的一些肢体语言，也许会有许多意想不到的收获。

　　母亲教育孩子不该以上压下，而要建立在平等的基础上。妈妈在和孩子沟通时，应该注意到，如果孩子的声音语言同身体语言不能紧密、和谐地结合，甚至出现背道而驰的状况，就表明，孩子没有在认真听家长讲话，这样的沟通是不会成功的。

　　虽然很多孩子的情绪可以从面部表情看出来，但是精明的孩子懂得"脸部表情可以装"，可很少有孩子知道如何伪装双脚的动作。其中一条线索就是双脚的朝向。当孩子与母亲说话时，如果孩子的双脚朝向某个方向，而不是正对着你，就代表他想要结束这场对话；如果孩子突然双脚（脚踝之处）交叉，就代表他有些紧张或是觉得受到威胁；如果孩子将身体往后仰，然后翘脚而坐，这就是自信的表现，代表他喜欢目前谈话的内容。

名人谈教育

　　教养决定一切。桃子本是一种苦味的扁桃；卷心菜只是受大学教育的黄芽罢了。

——马克·吐温

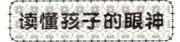

读懂孩子的眼神

　　眼睛是心灵的窗户。一个人的眼神能表达内心的想法。由于孩子对

周围世界认识的不足和表达能力的欠缺，眼神往往是他们表达心声的重要手段。而作为家长如能读懂孩子的眼神就会更好地了解他们的需求，与孩子之间建立更加和谐亲密的关系。

1. 求救的眼神说明需要父母及时的指导和帮助。

有的时候父母会感觉孩子"怯生生"的。当一个孩子来到一个陌生的环境，或者一个内向、不善于表达的孩子遇到困难时，他的内心是恐惧的、无助的，会怯懦地来到你跟前，默默地用一种求救的眼神看着你，乞求你的帮助。这时你应用自己身体的接触给孩子安全感，一面用尽量温和、亲切的语气询问孩子的情况，启发孩子说出自己的困难和要求。当孩子无法用言语说清楚时，应学会观察周围的情境，并借助其他线索了解孩子的需要，及时地给孩子提供帮助。

2. 游离的眼神说明孩子"另有隐情"。

家长跟孩子讲话时，有的时候会发现他们东张西望，眼神游离不定。如果是孩子对所说的话题不感兴趣，家长应及时调整谈话内容，吸引孩子的注意；如果孩子有"隐私"，家长要以自己真诚而坚定的眼神回望孩子，让孩子感觉到家长的信任，并以循循善诱的语言引导孩子说出自己的真实想法，让孩子认识到自己的错误；由家庭成员之间的矛盾而引起的内心的恐慌，家长要给予他们更多的关爱，引导孩子用恰当的方式排解内心的压力，帮助孩子走出心理的阴影。

3. 发光的眼神说明希望得到鼓励。

孩子闪亮的眼神无疑是父母最希望看到的。当孩子有了高兴的事，或有了新的发现，我们常会看到孩子发亮的眼睛，我们要给予肯定与鼓励，并与他一起分享快乐与喜悦。此时，家长应迎着孩子的眼光，送去微笑与赞许，并及时配以语言和动作的鼓励。孩子会因此觉得家长就是他的朋友，他的自豪感会油然而生，会感到信心倍增，力量十足，探索的兴趣更浓。

4. 期待的眼神说明希望得到肯定。

家长不要只关注那些奇怪的眼神，对孩子表现良好时呈现的眼神也要多加重视。当他们觉得自己有进步了，或者想表现得更出色些，他们不是用语言，而是用期待的眼光看着，以此来引起父母的注意，好像在说："妈妈，我一定能做好！""我这样做行吗？""我现在表现很好吧！"如果能及时回应他们，他们脸上就会露出满意的微笑。父母不能忽视孩子期待的目光，

141

同孩子处好关系的 100 妙招

也不要吝惜自己关爱和鼓励的目光,从孩子的眼神中找到孩子的需求,给他们恰到好处的指导。

名人谈教育

理性和真理是人所共具的,属于那先说出来的人并不多于那引用的人。也不是根据柏拉图多于根据我自己,既然他和我一样看见和了解它。蜜蜂到处掠取各种花朵,但后来酿成蜜糖,便完全是他们自己的了;已经不再是花了。同样,人们属于他自己的作品。他的教育、工作和研究没有别的目的,只是要培养他的这种消化能力。

——蒙田

142

冷静对待孩子的气话

家长恐怕都对孩子说过气话,而且也听孩子说过气话。所谓气话,就是指人们在学习、工作、生活中,因受刺激而突然爆发的强烈的短暂的激愤之语。说气话一般有 4 种情况,一种是委屈,觉得对方不理解自己或冤枉了自己;第二种是自己的想法、行为受到别人的阻碍而不能实现;第三种是看到对方损害了他人或集体的利益;第四种是个人利益受到损害。

气话是由激动的情绪所致,此刻认识事物的范围会大大缩小,而仅仅局限在引起激愤的事上,思维、分析和判断的能力受到情绪的抑制和破坏,造成思维不连贯,分析不全面,判断不准确。不能控制自己的言行,不顾及对方能否接受、别人怎么看,也不顾及由此造成的后果,只图一时痛快。甚至为了气人,有时还会故意改变自己原来所持的观点。当家长遇到孩子说气话时应该怎么对待呢?

1. 不要和孩子计较,要保持冷静。

对孩子发火或者针锋相对也无济于事。马上在心里对自己说:"我一定要冷静!""我一定不发脾气!"这在心理学上叫自我暗示,它既能增加大脑理智思维的强度,也能疏导刺激引起的狭窄兴奋,使脾气被压制下来。

2. 暂时转移视线，冷处理。

就是把气话引起的愤怒情绪转移，迅速离开现场，或者去干别的事情，或者在外面散步宽心，或者找别人说会儿话，使发生冲突的条件不复存在。

3. 对说气话的孩子要采取宽容、谅解的态度。

孩子说气话通常都是遇到了他们解决不了的问题，或者需求没有得到满足，觉得和家长无法沟通。只要家长不和孩子一般见识，能够在恰当的时候和孩子沟通，并且教导孩子这样恶劣的情绪会伤害他人，一般冷静下来后孩子都会感到后悔，并且以后会克制自己发脾气、说气话的坏习惯。

总之，说气话的习惯是应该杜绝的。说气话是个很坏的毛病，自己一时痛快了，却把痛苦强加给别人，既伤感情，又不利于团结，我们当然要反对说气话。但是，如果孩子冲你说了气话，你要做孩子的榜样，以正确的方式和心态对待，形成良好的沟通模式，不给孩子说气话的机会。

名人谈教育

道德教育成功的"秘诀"在于：当一个人还在少年时代，就应该在宏伟的社会生活背景上给他展示整个世界、个人生活的前景。

——苏霍姆林斯基

143

了解孩子的"另类语言"

很多家长总是搞不清楚现在的小孩是怎么想的，满口的火星文，不只在网络上，现实中也常常充满了"哇噻！帅呆了、酷毙了"、"那种口气真是7456（气死我了）"、"叶子和花仿佛刚洗过牛奶浴，像婴儿的小屁屁"……如今，在大人们看来怪里怪气的语言却在孩子们口中和学生读物中甚为流行，许多学生争相模仿，甚至有的学生把这些话语写进了作文里。传统标准语言与孩子们口中这种"另类语言"发生着冲突。

同学之间互送贺卡本是平常之事，可是今年春节前，冯先生随手翻看女儿收到的贺卡时让他感到"大开眼界"，只见贺卡上写着这样几句话："你是我'粪量'最重的朋友,愿你在新的一年里得上'艾滋病',越长越精彩!"
冯先生觉得很奇怪,没想到女儿给他解释说,"粪量"就是"分量","艾滋病"
指的是"爱知病",是指热爱知识的意思。冯先生总觉得怪怪的,也不知道
如何理解"长得精彩"一说。女儿说班上很多同学都这样说。

在"另类语言"与传统语言的冲突中,家长应该抱着什么样的态度呢?

1. 取其精华,去其糟粕。

年轻人有年轻人的世界,这些新的、另类的语言有的相较于传统语言
更具活力、冲击力,在某一方面表达的意思要比传统语言更为清晰、更为直
接,但有的衍生出来的现代语言所表达的意思往往有一些不健康因素,这
是教育工作者应该注意的,应该对这些语言进行有效的筛选,扬长避短,而
不能一味地去接受或者抵制。

2. 以宽容之心对待新奇事物。

家长不要把自己的观念强加于这个时代的孩子身上。作为家长千万
不要对孩子口中的这种"另类语言"感到大惊小怪,或粗暴地训斥孩子,而
应该正确理解并宽容对待。比如许多学生经常所说的"哇噻!""你帅呆了、
酷毙了!"这样的词语,学生无非是想表达一种惊讶、赞叹之类的感叹之情,
只不过与传统的表达方式比较,他们的说法更为夸张而已。如果老师或家
长对其大加训斥或坚决制止,孩子们反而会觉得大人们太"老朽",在无形
中和大人产生一种距离感,家长或老师也同样很难融入到孩子的圈子,更
谈不上和他们促膝谈心了。

3. 要以引导而不是完全否定的态度对待。

虽然"另类语言"包含了孩子们的创造力和活力,不过并不是所有的
"另类语言"都是对的,有的"另类语言"明显很粗俗,甚至格调相当低,家长
就要具体情况具体分析了,教育孩子在学习和正规的场合中,要使用规范
化的语言,正确表达自己要说的意思,在一些娱乐场所适当地运用"另类语
言"。

名人谈教育

教育技巧的全部诀窍就在于抓住儿童的这种上进心,这种道德上的自
勉。要是儿童自己不求上进,不知自勉,任何教育者都不能在他的身上培

养出好的品质。只有在集体和教师首先看到儿童优点的那些地方，儿童才会产生上进心。

——苏霍姆林斯基

和孩子一起玩角色扮演的游戏

在教育孩子的过程中，家长有两件很重要的事情要做，第一是培养自己良好的生活习惯，第二就是跟孩子做亲子游戏。这不但能培养孩子各方面的能力，还能增进父母和孩子之间的感情。现在很多人都开始重视亲子游戏，这是非常好的现象，但社会上对亲子游戏的认识也存在误区。从广义上讲，家长和孩子之间相互配合交流的活动都可以看做是亲子游戏，而科学的亲子游戏应该具备以下特点：

145

1. 能起到开发孩子智慧的作用。这就要求游戏活动既能够利用和发挥孩子现有的能力，又能够引导和发展他们新的能力。

2. 在玩游戏的过程中家长和孩子是平等的。做亲子游戏不是上课，家长不能高高在上指手划脚，而应当是游戏的参与者，并且跟孩子处于平等的地位。

3. 和竞技类的游戏相比，游戏的形式应该注重相互配合，家长能自然而然地引导孩子智能的发展。设计的游戏应让孩子主动寻求家长的配合，这样家长就能顺理成章地教给孩子一些知识和技巧。

4. 不要为了游戏而游戏。游戏的整个过程要能够给孩子和家长双方都带来乐趣。要让孩子在游戏中体会到创造和成功的快乐，家长则能够体会到亲子交流的幸福。

最近，张女士家中出现了关于育儿的意见分歧，焦点是在与孩子进行比赛类游戏时，父母究竟该不该故意让孩子赢。妈妈觉得孩子还小，玩游戏只是为了让他开心，所以认为故意输掉比赛并没有什么大碍。而爸爸则坚持认为那是一种对孩子的过度保护，是不可取的，只有让孩子明白了胜负的代价，他在日后的成长中才可做到能屈能伸，宠辱不惊。

那么,究竟哪一方的观点更有道理呢? 一起来听听专家的说法吧。

不要为了让孩子获胜而改变游戏规则。因为即使是小孩子也能够分辨得出自己在哪些本不该赢的活动中赢了。如果改变游戏规则故意让孩子赢,会让他觉得赢要比公平竞赛更好、更重要,而这恰恰是你所不希望教给他的。

这并不是说家长要把自己的智商和体力完全用在和孩子的游戏中。在和孩子一起下棋、玩牌时,家长可以放低自己的水平(和孩子处于同一个等级),让孩子多赢几次。并且在游戏后告诉他赢的原因是什么,那些帮助他获胜的技巧该如何更好地运用等。而对孩子来说,在下棋、玩牌中赢了会增加他的兴趣和自信心。当然,随着孩子下棋、玩牌技能的不断提高,家长也应逐步加大孩子获胜的难度,不要总让孩子胜。在孩子输棋时,你可以教给他失败时应有的气度,从而培养孩子良好的性格品质。需要再次强调的是,这一切都应该建立在不改变游戏规则的基础上。

名人谈教育

我并无过人的特长,只是忠诚老实,不自欺欺人,想做一个"以身作则"来教育人的平常人。

——吴玉章

孩子插嘴时要用提醒的方式教育

爱说话几乎是每个孩子的天性,但很多父母常用"小孩子不要插嘴""打断别人的话很没礼貌""你懂什么"之类的话制止孩子参与大人的讨论,这不是解决问题的好方法。

爱插嘴的孩子往往思维活跃,表现欲强,想要和大人一起分享自己的经验、知识以及对某个问题的见解。当然,有部分孩子或许只不过想引起家长的注意,或是尽快满足自己的需要。他们并没有想到会因此而影响别人。但家长经常粗暴地打断孩子的话,会使孩子逐渐失去说话的兴趣,不敢与人交谈。我想,任何家长都不希望自己的孩子一见到外人就面红耳赤,说话吞吞吐吐,那么我们就应该一方面积极鼓励孩子在人多的地方大

胆表达自己的想法，另一方面要对孩子乱插嘴的习惯进行教育和提醒，让孩子感受到被打断、不能畅所欲言是一件很不舒服的事。千万别让本来爱说话的孩子因为你的训斥而变得内向、腼腆，这不利于孩子的发展。

相信几乎所有的家长都遇到过和君君家一样的情景。君君妈是个很好客的人，家中时常来客人，所以君君自小就养成了"人来疯"的习惯，越是有客人在的时候越喜欢调皮捣蛋，不停地缠着客人陪他玩。更令人头疼的是，在大人和客人谈论正事的时候，君君也时常跑过来打断交谈，比如非要妈妈现在就看他刚刚完成的"画作"。有的时候，君君听到大人谈话的内容是他熟悉的，还会插上一嘴，表达自己的看法，完全不理会别人是不是接受这样的方式。

为什么他不知道打断别人说话是很不礼貌的？虽然成年人觉得判断什么时候可以插话不费吹灰之力，但这确实需要相当水平的判断思维。显然，这些技能需要时间去发育完善，所以别指望出现奇迹。那么孩子插嘴时，你该怎么办？

1. 给孩子树立良好的榜样。

小孩子的模仿力都很强，你可以利用这一点，给孩子树立一个好榜样。如果你和你先生都爱互相打断对方，那就要努力改变这种习惯。你还应该在孩子和你说话时，尽量不打断他。如果你不小心打断了他或别人，要马上说："对不起，我打断你了，你接着说。"有可能，孩子不仅能学会你的礼貌，还能学到你大度承认错误时轻松自然的态度。如果他经常听到你说"对不起！"、"请！"、"谢谢！"、"没关系！"、"请原谅！"，那他对礼貌的认识和学习就会更快。

2. 要教会孩子礼貌的做法。

看开一点，多半要再过几年，你的孩子才能在打断别人前，有礼貌地说一句："请原谅！我有个问题。"即便如此，你也要提醒自己，他已经在渐渐明白插嘴是不礼貌的，如果真的需要打断别人，要使用礼貌的方式。要是他多数情况做到，你就应该大大地夸奖他。

名人谈教育 📖

做老师的只要有一次向学生撒谎撒漏了底,就可能使他的全部教育成果从此为之毁灭。

——卢梭

孩子受了委屈时要给以疏导

随着成长,孩子慢慢会发现世界不像他想象的那么美好。学校是一个小社会,那么多孩子在一起难免会发生一些摩擦。由于每个孩子都来自不同的家庭,有不同的性格和想法,孩子在处理同学之间的关系时,必然会出现不同的意见和行为,使某些同学占了便宜,某些同学受了委屈。这都是非常正常的,关键是父母怎样帮助孩子,对孩子进行正确的心理疏导,以不至于影响孩子今后的学习生活。

上初一的小美从小活泼开朗,心地善良。上小学时,她基本上没让父母操心,但自从上了中学之后,好像心事多了,情绪也变得复杂了。有一天小美放学后一直不高兴,还十分反常地跟妈妈发脾气。后来,妈妈才弄明白,原来白天在学校做作业,小美拿橡皮时碰到了正在写字的同桌,虽然她连忙说"对不起",可那位男同学还是一拳打了过来。当时老师没有看见这一幕,小美觉得这种事情不应该和老师报告,但是又觉得自己很委屈,于是只好在家里发泄了。

如果孩子长时间受委屈却无处倾诉,无力解决,会对孩子的心灵造成创伤,所以家长要及时解决。孩子受了委屈以后必然很难过、很伤心,父母要对孩子及时进行心理疏导,帮助孩子分清是非对错。

1. 让孩子说出心里话,搞清楚事情的真相,对孩子的正确行为予以肯定。

比如上面的例子中,父母可以对小美说:"你是对的,那位同学是错的。在处理这件事情时,你十分理智,有你这样的孩子,爸爸妈妈感到很自豪。"

父母的肯定往往可以消除孩子的委屈情绪。然后，父母可以给孩子分析这样做有哪些好处，让孩子从父母的讲解中，认识到自己的能力，从而产生自豪感。这种自豪感能让孩子从委屈的情绪中走出来，增强孩子的自信心。当然，对于孩子受到其他同学的欺负，父母可以教育孩子理智地和老师讲，让老师来处理这种事情，而不是逆来顺受、委曲求全。

2. 可以给孩子讲解一些人际关系，让孩子明白在人与人相处的过程中，产生摩擦是必然的，受点委屈也是正常的。

千万不要以粗暴的方式批评、指责孩子，要耐心引导。比如，父母可以给孩子讲一些自己小时候或者自己在工作中发生的类似事件，这样，孩子的注意力就会从自己的事情中挣脱出来，转而集中在其他事情上。当然，在与孩子交谈的过程中，父母要注意自己的态度，不要居高临下，要像朋友一样，并且信任孩子对这件事情会有一个正确的认识，能够自己处理好。

3. 在家长的关注下，培养孩子坚强的性格，既不任由孩子受委屈而不管，也不能所有事都包办，要培养孩子独立面对的能力。

149

不能否认的是，现在有许多孩子在家备受父母的宠爱，性格暴躁，自私自利，在与同伴的交往中稍有不如意，便拳脚相加。受委屈的孩子一般受到父母过分的呵护，失去了自我保护的能力，在面对粗暴行为时往往不知所措，只会独自忍受，或者向父母、老师哭诉。要想让孩子能够勇敢地面对此类事，作为父母应当培养孩子坚强的性格，教孩子处理好与同学之间的纠纷。

名人谈教育

我确实相信：在我们的教育中，往往只是为着实用和实际的目的，过分强调单纯智育的态度，已经直接导致对伦理教育的损害。

——爱因斯坦

孩子哭泣时要施以同情

有的家长认为孩子还小，哭一哭没什么，可有的家长认为哭是一种不好的行为，无论是自己还是孩子，最好都不和"哭"打交道。而大部分的中国家庭都不鼓励家人尽情表达自己的感情。究竟应该如何看待和处理孩子的"哭"呢?

陈先生的女儿冉冉今年 12 岁,快上中学了,然而冉冉对于升学感到很恐惧,"爸爸说,上了中学,我就是大孩子了,不能像小学时一样想哭就哭了。"而陈先生说,自己的这种教育方式的确是用心良苦,"以后社会的竞争这么激烈,即便是女孩子也要学会面对各种事情而不退缩。哭是一种无能的表现,我希望冉冉从小就学会坚强。"

其实,不能完全说哭就是软弱的表现,也不要对孩子的哭泣不问原因横加制止。家长面对孩子哭泣时要注意以下 3 点:

1. 让孩子学会表达自己的情绪。

孩子哭的时候,家长最忌讳的就是叫孩子"立刻停止"、"憋回去",或者以威吓的方式强迫、限制孩子不准再哭闹。接纳孩子的情绪——包括哭在内,才能够让孩子接受自己,拥有健康的内心世界。"哭"是孩子最原始的表达情感的方式。家长应该冷静地面对孩子的情绪反应,尊重孩子表达情绪的权利,探寻孩子情绪背后所要表达的信息,然后再引导孩子学习处理情绪的方法,这有助于帮助孩子成长。

2. 弄清孩子哭的表面原因和内在原因。

有时孩子哭闹,或者做一些出格的事是想引起家长的注意,是因为疏远的亲子关系造成的。如今许多家长忙于自己的工作,无暇照顾孩子,只好把孩子托付给他人看管,结果孩子因为长期得不到父母的爱,只能通过哭闹来宣泄自己,引起父母对自己的关注。如果家长只是在孩子闹的时候才注意到他,孩子很快就会变得爱哭闹。

3. 以询问表示关心,在解决问题时尽量不要代劳。

表达关心和爱并不意味着把孩子完全包裹起来。当孩子面临挫折的时候能成为孩子的"军师"当然并不坏,因为这至少意味着孩子愿意向家长吐露心声,亲子关系是健康、信任的。不过,家长不应帮孩子"大包大揽"地解决心理问题,这种方式可能让孩子变得依赖父母。孩子原本可以在悲伤和抑郁的挫折中得到更多。家长在处理孩子负面情绪的时候,应多采用询问的方式,引导孩子自己找到解决问题的方

法，缺少主观地帮孩子作判断、下结论。这样不但家长自己累，孩子也得不到成长，以后面对问题时还是不知所措。家长应该利用这个机会让孩子逐渐自己走向成熟。

名人谈教育

教育者应当深刻了解正在成长的人的心灵……只有在自己整个教育生涯中不断地研究学生的心理，加深自己的心理学知识，才能够成为教育工作的真正的能手。

——苏霍姆林斯基

孩子烦恼时要为之排解

151

生活中的烦恼是每一个人都会遇到的，孩子当然有自己的烦恼，面对孩子的这些情绪，父母应学会引导孩子，以正确的方式排解。不少孩子很容易产生郁闷、抑郁倾向，许多是孩子内心的压力导致的，而这压力的源泉往往来自父母。因此，为了帮孩子找回快乐，孩子要减负，家长要加负。孩子减负，关键在于减轻其心理负担；家长加负，关键在于加强对孩子心理健康的重视。

1. 夫妻关系要和谐。

家庭不和睦，会严重影响孩子的快乐天性。现实中，越来越多的孩子生活在问题家庭或单亲家庭中，其中，不少孩子因此产生丧失爱、被遗弃、不安全的感觉，就很容易患上抑郁症等心理障碍。夫妻间的裂痕不能影响父母对孩子的爱。父母不应该自私地考虑自己的得失，而应采取克制、理智、心平气和的态度告诉孩子，即使父母今后不在一起了，父母双方仍然关心他、爱他。哪怕将来出现了继父或者继母，父母仍会爱他，让孩子逐渐接受这一事实，跨越心理上的障碍。如果处理好了，单亲家庭对孩子只能算一次特殊的经历，心理上的负面影响就不会太大。

2. 不要给孩子贴标签。

早恋是该制止的，但也不要无端把纯洁的友情当成爱情，这会伤了孩

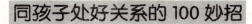

子。有些家长把早恋视为洪水猛兽,戴着有色眼镜对孩子正当的交往严加干涉,在同龄人面前伤害孩子的自尊心,造成孩子厌学、厌世,出现抑郁倾向。

3. 教育孩子懂得用健康积极的心态面对生活。

很多孩子面对困难时总是情绪低落,喜欢逃避,要重在消解"心理阴影",让孩子懂得付出与分享。少年初识愁滋味,解愁还要靠"情商"。被公认为阳光少年的李宏说起了刚进初中的第一次考试:"考前我做了很多努力,但还是没考好,伤心了好一阵子。"不过当李宏看到考得好的同学在总结大会上上台领奖时,就暗下决心:"为什么他们行,我就不行,我一定要站到领奖台上。"

4. 良好的性格可以带来一生的快乐,父母也要从小进行快乐教育。

(1)在一定范围内让孩子自己给自己做主。有自己的意志是形成快乐性格的一个重要因素。当然,父母在大多数事情上不能不做主,但有些事让孩子做决定也无妨。

(2)有良好的人际关系。与人关系融洽是快乐的一个重要条件,父母可以尽量安排孩子常与别的孩子一起玩。

(3)不能太溺爱。给孩子太多会令他们误以为追求物质就是快乐之源。

(4)培养广泛的兴趣。快乐的人生活很平衡,因此他们可从多方面得到快乐。

(5)教会孩子坚强、宽容、忍让。做父母的要指出任何困难情况下都会有一线转机,倘若经过努力也没能扭转情况,父母便应帮助孩子寻求自我安慰的办法。教导孩子做些平复心绪的活动。

(6)创造快乐幸福的家庭氛围。帮助孩子寻找持久快乐的最佳方法之一就是父母自己生活得快乐,而且要向孩子解释为什么他们感到快乐。

名人读教育 📖

道德教育的核心问题,是使每个人确立崇高的生活目标。……人每日

152

好似向着未来阔步前进，时时刻刻想着未来，关注着未来。由理解社会理想到形成个人崇高的生活目标，这是教育，尤其是情感教育的一条漫长的道路。

——苏霍姆林斯基

孩子恐惧时要给予鼓励

琴琴是个很乖巧的孩子，就是胆子比较小，打雷了害怕，天黑了害怕，老师比较凶害怕，和小朋友之间有了不愉快也害怕。有一次父母带她到游乐园去玩，看到别的小朋友玩摩天轮，玩秋千，她也羡慕，可是又不敢自己去玩。见了陌生的人就喜欢躲到父母身后去。

153

恐惧是人类本能。虽然男孩儿和女孩儿的性格有很大不同，男孩儿更勇敢些，不过他们毕竟还是孩子，当他们感到恐惧时，家长应如何排除孩子的这种心理呢？

1. 不要操之过急，要循序渐进。

不要强迫孩子去面对本来恐惧的事物。想要孩子从什么都怕变成什么都不怕是需要一定时间的，任何人到了一个陌生的环境都要有一个适应的阶段，更何况十几岁的孩子。他们社会经验几乎为零，认识事物的能力差，适应能力也很差，要他们很好地适应新环境，是需要一个过程的。家长让孩子较快适应新环境的初衷是好的，但不能操之过急，应该采取得当的方法，如让孩子多看看新的环境，引起孩子对新环境的好奇心和兴趣。

2. 转移孩子的注意力。

科学研究证实，人在精神过度紧张和恐惧的时候，如果转移他的注意力，就会使恐惧心理消失。例如，在打针时，孩子特别害怕，哇哇大哭，就可以使用注意力转移法，让孩子看看窗外的鲜花，路上疾驰的汽车等，注意力转移到其他感兴趣的事物上后，恐惧也会随之减弱。

3. 给予适当的安慰。

轻声安慰的作用远大于厉声呵斥。所以安慰对一个幼小的心灵来说是十分重要的,尤其是在孩子很恐惧的时候。孩子打针哭闹时,可以对孩子说:"听话,别害怕,打完后咱们去游乐园"。无论是精神上的还是物质上的安慰,都会对孩子起到一定的作用。

4. 注意从生活中的小事锻炼孩子的胆量。

在保健所里,有的孩子大哭,有的孩子不但不哭,而且还说不疼,原来孩子平时总和父母一起做打针的游戏。父母打完针说不疼,再给孩子打针,孩子也说不疼。经常做这个游戏,孩子对打针已经有了足够的心理准备,到实际打针时也就不害怕了。

5. 不要让迷信思想影响孩子。

有的孩子不是害怕具体的事,而是害怕童话中的妖魔鬼怪到自己家里来,所以父母在给孩子讲故事时应尽量避免提到鬼神,减少孩子的恐惧心理。另外也可以用事实来证明鬼怪根本就不存在,例如拉着孩子的手把房间的每一个角落都检查一遍等。

人的心态是由外界的影响而形成的,这种影响从本质上说就是教育。父母是最早给孩子创造外界环境影响的人,所以父母用以上正确的教育方法就能培养孩子健康的心理。

名人谈教育

培养教育人和种花木一样,首先要认识花木的特点,区别不同情况施肥、浇水和培养教育,这叫"因材施教"。

——陶行知

孩子发脾气时要先给予理解后教育

调查显示,两岁的孩子就会发脾气了。到了青少年,发脾气是比较普遍的现象。即使最温顺的孩子有时也会发脾气,但是孩子经常发脾气,不利于培养良好稳定的情绪,不利于健康性格的形成。那么,孩子爱发脾气该怎么办呢?

1. 不能让孩子养成发脾气要挟家长的习惯。

不要小看孩子的智商,孩子往往用发脾气来要挟父母,以达到他们的目的。如果父母让步，在孩子面前表现得低三下四、畏首畏尾，或者出于怜悯、同情、娇惯而屈从，最后无条件地满足、妥协，实际上是纵容、强化了孩子发脾气的不良行为。长此以往，孩子的脾气就有可能越来越坏，人也会变得越来越粗暴、任性。

2. 在小事上不要理会孩子，转移孩子的注意力。

在孩子还没来得及发脾气之前，父母迅速地把他的注意力转移开是很有好处的。但父母的这种努力必须及早地进行才会有效。比如说，母亲和孩子一起上街买玩具，孩子因母亲没给他买想要的玩具而不说话，母亲马上说："我们就要过马路了，现在看看两头有无车来。看那个骑车的男孩，看见没有？看他穿的衣服多好看，待他过去，我们就过街。听那卡车的噪声，真要震耳欲聋啊！现在我们终于过去了。那么现在我们该往哪边走呢？"

3. 在适当的时机让孩子认识到严重性，要求孩子认错。

孩子冷静下来后，家长要做好沟通，在孩子心悦诚服的情况下，让孩子认错。它标志着愤怒的终结，并有助于孩子恢复正常而不是老绷着脸。认错还有助于家人之间关系的恢复。孩子认错时态度是否诚恳，语调是否正确都不那么重要。要求孩子认错对孩子懂得发怒之后如何使情况恢复正常有好处。家里的成年人若能在发怒和冲动之后认错、道歉，对孩子的认错也有帮助。

4. 对孩子的无理取闹要冷处理，暂时不予理睬。

俗话说"一个巴掌拍不响"，孩子很难独自一人发脾气，脾气的爆发总是有对象的。所以如果任由孩子号啕、跺脚，自己转身离开房间，孩子的脾气就不会持续太久。如遇孩子正在伤害自己或是损坏别的东西，父母难以置之不理的，若把孩子留在那里，危险较大，则应该把他带到安全的地方或予以制止。

5. 处理好引起孩子不良情绪的各种事件。

有道理也好，没道理也好，谁都不会无缘无故发脾气。孩子发脾气的原因很多，但不外乎遇到冷落，待遇不公平，为引起大人的注意或所求不遂等。无论出自哪方面的原因，父母均应认真对待，并采用适宜的办法，使孩子从这些因素中解脱出来。这就需要父母先严于律己，反省一下自己的教育态度和教育方法有无不适当的地方，同时父母要多尊重体贴孩子，防

155

止激起孩子的愤怒。

名人谈教育

　　世界上没有才能的人是没有的。问题在于教育者要去发现每一位学生的禀赋、兴趣、爱好和特长,为他们的表现和发展提供充分的条件和正确引导。

——苏霍姆林斯基

父母与孩子有误会时要先自我检讨

　　很多人想当然地认为,最了解孩子的无疑是父母。其实,孩子的内心是丰富多彩的。有的时候看似"不规矩"的行为,却有着一个"规矩"的动机。

　　因为不希望每天频繁开关家里的冰箱,我已经警告过天天好几回了,可她还是时不时跑到厨房里开冰箱。我想弄清楚冰箱里究竟有什么好玩的吸引着她,打开冰箱一看,可把我惹火了,原来小家伙把她扮家家酒的锅和杯子、小碗,一概装满了水,放在冷冻室里,不用说是想做冰块了。

　　看到我的警告对天天发挥不了作用,我只好罚她那天不能吃她最喜欢的草莓奶油小蛋糕。说来也凑巧,过了一个星期后,天天她爸不小心崴了脚,又红又肿的,我急着给他找冰块来止痛,天天那些玩具杯子里的冰块竟然派上了用场。我小心地将它们倒出来,装进袋子里,给天天她爸敷上。天天蹲在爸爸面前,也很着急地帮爸爸揉,看着她储藏的冰块派上用场了,开心地笑着,还告诉爸爸:"上次,他们班小蓝摔痛了,老师用冰块装在袋子里,给小蓝捂着。我也想做冰块,妈妈跳舞总是脚疼,我想用冰块帮妈妈捂捂。"

　　听了天天的"轻描淡写",我的心情越发沉重,既感动又愧疚,我在心里一遍一遍说:对不起宝贝,妈妈怎么当时就没问问你拿冰块做什么呢? 第二天,我带着天天去超市,选了几个专门用来冻冰块的小格子,回到家后,

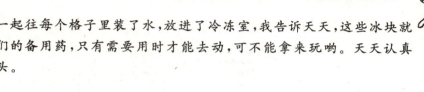

和天天一起往每个格子里装了水，放进了冷冻室，我告诉天天，这些冰块就像是我们的备用药，只有需要用时才能去动，可不能拿来玩哟。天天认真地点点头。

孩子也有自己的思想，自己的自尊。当家长误会了孩子，应该怎样做才不会伤害到孩子的自尊呢？

1. 家长也要学会给孩子道歉，这并不影响家长的尊严。

孩子的心都是比较单纯的，向孩子说声"对不起"并不是想象中那么困难。这既有助于父母与孩子之间的沟通，同时也为孩子树立了一个对自己的言行负责、知错能改的形象，既增加了孩子对父母的敬重，又在潜移默化中培养了他们正直诚实的品德。

2. 以其他的补偿方式代替道歉。

这样做的父母比较多，不过这不是最好的办法。这类父母在发现误会孩子之后，心中也是有歉意的，但是又拉不下脸面给孩子道歉或担心直接道歉会损害自己的权威形象，于是，就以物质、精神许诺代替道歉。这样做的家长能让孩子了解到自己的歉意，也算是"知错能改"了。但不能经常采取这样的方式，以防孩子养成习惯，对父母提出各种无理的要求。

最糟糕的方式是找孩子别的错掩盖自己的窘迫。有些家长误会孩子后，会故意找孩子别的错误来掩盖自己的窘迫。从表面上来看，家长这样做，似乎维护了自己做父母的尊严，但是，这样做会深深地伤害孩子。孩子会不再相信家长，不敢对家长说真话。长此以往，不但会使孩子学会推诿责任和逃避现实，而且会使孩子变得性格懦弱。如果你是这样做的父母，那就需要尽快改变自己了。

名人谈教育

活的人才教育不是灌输知识，而是将开发文化宝库的钥匙，尽我们知道的交给学生。

——陶行知

鼓励孩子发表自己的看法

　　要把孩子培养成有主见的人就要从小鼓励孩子大声说出自己的看法。在让孩子大声说出自己想法的过程中,他们的个性得以张扬,心灵得到了放飞,思想得到了解放,自主意识得到了加强,自尊和自信得以保持和恢复。

　　孩子有独立的想法是一种自信的表现,也是一种能力的体现。父母鼓励孩子主动说出内心的想法,可培养孩子的创造性,还可发展孩子独立自主的意识,有益于孩子健康成长。孩子向父母敞开心扉,说出胆怯,说出疑惑,说出建议,说出奇思妙想,才能最终说出光明的未来,说出健康的人格,说出灿烂的明天。怎么鼓励孩子主动说出内心的想法呢?

　　1. 父母要认真对待孩子的看法和建议。

　　父母可用体态语言,即面部表情、身体姿态,如:靠近孩子,与孩子表情"共振"和口头语言,如一边听着孩子讲话,一边深深地点头说"是吗?"表示关注,表示"你说的我都明白了"的意思,这很重要。因为孩子一旦认为自己讲的话被父母接受了,就会对说话产生自信。

　　2. 不要用大人的逻辑去判断孩子的话,多听少说,给孩子话语权。

　　一天,美国著名主持人林克莱特问一名小朋友:"你长大了想当什么呀?"小朋友天真地回答:"我要当飞机驾驶员!"林克莱特接着问:"如果有一天,你的飞机飞到太平洋上空,所有引擎都熄火了,你会怎么办?"小朋友想了想说:"我先告诉飞机上的人系好安全带,然后我挂上我的降落伞,先跳下去。"在场的观众笑得东倒西歪,没想到,孩子的两行热泪夺眶而出,使林克莱特发觉这孩子的悲悯之情远非笔墨所能形容。于是林克莱特问他:"为什么要这么做?"小孩子的回答流露出了一个孩子的真挚想法:"我要去拿燃料,我还要回来! 我还要回来!"

　　家长以柔和的态度对待孩子就是对孩子的鼓励。亲切、平和、耐心

地倾听孩子的内心想法，不要急于判断，那么父母肯定也能听到孩子最善良、最纯真、最清澈的心语。父母与孩子沟通不良的一个很重要的原因，是由于父母过于主观，没有静下心来去倾听孩子的真实想法。父母应以宽容、鼓励的心态来倾听，让孩子感觉到父母与自己的平等和对自己地尊重。不要经常指责、埋怨孩子，随意地打断孩子的话语，从而防止孩子关闭心灵之窗，不愿与父母交流的情况发生。

名人谈教育

只有让学生不把全部时间都用在学习上，而留下许多自由支配的时间，他才能顺利地学习……这是教育的逻辑。

——苏霍姆林斯基

159

引导孩子参与聊天

不要在发现有问题时才想起和孩子沟通，平时就要多和孩子聊天。这样做的秘诀是和孩子密切相处，多关心孩子，才能了解其想法和需要。要了解孩子，就要多跟孩子接触，从他们的语言及行为中了解他们的想法、喜好、内在需要。我们可以从下面两个例子中窥知一二。

例一：孩子从学校回来。

妈："你回来了？"

子："我回来了。"

妈："今天在幼儿园都做了些什么？"

子："没做什么。"

妈："吃了什么点心？"

子："忘记了。"

例二：孩子从学校回来。

妈："嗯！宝贝，一天没见了，让妈妈看看！今天你一定玩得很开心。"

子："对呀！我和刘承翰两个一起玩搭积木，我们搭了一座动物园，然

后,把许多玩具关进去当动物,很好玩哦!"

　　妈:"哇! 听起来真的很好玩,可惜我没有玩到。"

　　子:"没关系! 下次我教你玩。"

　　和孩子聊天不是审问孩子。两个例子都是孩子从学校回来,妈妈的动机同样是想要了解孩子今天过得好不好,做了些什么事、玩得快乐不快乐,但是结果却相去甚远。之所以造成这样的差异,当然不全是因为问话技巧的不同,其中也包括长久累积下来的沟通模式,亲子关系的亲密度,孩子说话的意愿,以及在学校的感受等因素。然而,不可否认,问话的技巧也很关键。

160

　　1. 不要高高在上,把自己也变成孩子。父母是否拥有一颗赤子之心,是非常重要的。

　　2. 认真对待孩子的问话。孩子提出问题时,应先了解其真正的含意,并针对孩子的需要做出回答。例如孩子问:"妈妈,你要不要去买菜?"这个问题的真正含意其实是:"妈妈,我想跟你一起去买菜。"假如你知道孩子的真正目的,就可以说:"要啊! 你要不要一起去?"孩子听了必定会很高兴。此外,对于孩子所提的知识性问题,父母也要慎重回答,或带着孩子一起寻找答案。这样,孩子以后不论碰到什么问题,都会主动向父母询问。

　　3. 避免用"我命令你"、"我警告你"、"你最好赶快"、"你真笨"、"你太让我失望了"等带有指挥、命令、警告、威胁、责备、谩骂、拒绝等负面含义的说话语气。

　　4. 培养共同语言,经常变换新鲜的话题,引起孩子的兴趣。例如:"你猜猜看,今天我遇到了什么事?""你知不知道为什么小孩子最喜欢恐龙?""如果有一天,太空人真的来到地球"等话题,相信会比"今天过得好不好?""快乐不快乐?"更吸引孩子。

名人谈教育

　　如果不去加强并发展儿童的个人自尊感,就不能形成他们的道德面貌。

——苏霍姆林斯基

第七章　保持信任,给孩子一个未来

对孩子的能力放心

　　任何人都难免做错事,不要因此而过多地限制、责怪孩子。当父母的如果能够以平等的方式来对待,把孩子也看成独立的人,而不只是什么事都不懂的"小孩子"时,这样孩子已经得到幸福生活的一个开始。所谓平等,既不能处处顺从孩子让他高高在上,也不能强行限制和管教把孩子置于控制之下。高高在上的孩子因为很少经受挑战和真正的磨炼,心理和智力的发展终将落后,在压力中逆来顺受的孩子因为心灵的能量得不到有效的释放,常常会产生心理障碍,创造力遭受抑制的同时很容易引发行为问题。

1. 给孩子一定的空间,让其自由发展。

　　因为女儿总是不整理自己的鞋,很多时候她的鞋丢得到处都是,所以我就把原来我和老公两个人共用的鞋柜腾出一层给女儿使用。当女儿拥有独立的放鞋的空间的时候,她非常开心,好像一下子长大了许多,从此每次都是她自己主动把鞋放回鞋柜。周末全家外出购物或者就餐时都让她参与选择。虽然每次她都选择去吃肯德基,但是如果我和她爸爸都反对,并讲清楚我们反对的理由,她也让不会感觉很难受,关键是会放弃自己的选择,并且她从参加选择中,得到了尊重感。吃饭时也让她点菜,每次自己点的菜她都特别爱吃,好像吃的不是食物而是自豪和荣耀。

2. 不要轻易施以体罚，以培养孩子的自信。

那天女儿出于好奇，拿了我的香水玩，可是不小心打碎了。她本来就是很懂事的孩子，看到她自责不已的样子，我没有怪她，还反复安慰她，又带她到商场帮我挑选新的香水，并告诉她"妈妈早就原谅你了"，之后这件事她再也没有提过。这些事情对她幼小的心灵都是一次次地考验。

要相信孩子下次能做得更好。身体上地惩罚只会给孩子带来自卑感。体罚一定要慎重，一定要在尝试其他一切办法之后。体罚往往带给孩子的不仅仅是身体上的伤痕，更深的是留在心里的痛，这些痛不是这么小的孩子可以承受的。教育的方式多种多样，体罚绝对不是个好方法，而且它带来的不利后果恐怕是让人难以接受的。所以说，不要让体罚成为习惯，而且体罚只会加重孩子的自卑感，让她产生对外界世界认知的胆怯心理。作为家长应该给孩子创造出最佳的心理、社会环境，让孩子充分发挥自我潜能。

名人谈教育

只有心地善良的人才能易于接受道德的熏陶。谁要是没有受到过善良的教育，没有感受过与人为善的那种欢乐，谁就不能感觉到自己是真实而美好的事物的坚强勇敢的卫士，就不可能成为集体的志同道合者。

——苏霍姆林斯基

信任孩子的潜力

独生子女总是受到家长太多的宠爱，所有的事都由家长包办代替。到了学校，什么都不会，成了一个没有主见，没有自信的孩子。当我们把自由和信任还给孩子时，他们无限的潜力就会被激发出来，反而更容易学会控制，学会为自己的行为负责。那么，该怎样做到真正信任孩子，发展其潜能呢？

1. 自信让孩子们勇于探索周围的世界。

孩子的发展终归要依靠他们自己的力量。在这一过程中，最为需要

162

的，不是人们普遍认为的充足的食物，而是爱与关怀。自信也是一种重要的心理"营养"。自信能使人的潜力得到发挥，是杰出和成功人士的良好素质之一。培养孩子的自信心，就是要相信孩子，孩子虽小却具有巨大的潜力，这是现代科学研究所证明的。

2. 玩是对周围世界的一种认知。

孩子的发展不是大人"教"出来的。使孩子打开自己眼睛，让他们去适应各种不同的环境，让他们知道自己可以做很多事情。带着这样的理念，我每次带孩子出国旅游时，都让孩子自己决定交通工具和乘车路线。在巴黎，因为天天研究地图和乘坐地铁，孩子回国后会自豪地告诉亲友："下次去巴黎，我可以给你们做向导，那边我熟悉。"

163

3. 要让孩子们体验到成功。

成功也是一种无形的肯定。孩子的能力包括许多方面，各方面都优秀的人是没有的，一无是处的人也是没有的。要努力创造条件，开展各种活动，让孩子做学习、游戏的主人，在丰富多彩的活动中提高能力。由于孩子的大脑尚未发育成熟，其意志很脆弱，还不能完全靠自己正确对待和克服困难，因此需要家长的鼓励和帮助。

如果这种鼓励促进了孩子的成功，就使他们从实践中和心理上体验了成功的过程。孩子也会从成功的愉悦中产生强烈的愿望。比如：在同样的手工制作活动中，分组制作的内容不一样，有的孩子做比较简单的"花篮"，有的孩子做较难的"卡车"。做"花篮"的孩子完成后很高兴，有着强烈的再操作的愿望，而做"卡车"的孩子不会做，由于没有体验到成功的喜悦，他们就没有再次去做的热情。所以说让孩子获得成功，对发展孩子潜力起着十分重要的作用。

名人谈教育

教育者的个性、思想信念及其精神生活的财富，是一种能激发每个受教育者检点自己、反省自己和控制自己的力量。

——苏霍姆林斯基

信任孩子的品质

孩子一有风吹草动，做父母的就感到是无比焦虑，仿佛看到一辆失控的马车。其实，只要能让孩子领受规则，他们完全有能力对自己进行规范。所谓父母的不良影响是什么？就是按照我们自己的观念养育孩子，要孩子走我们认为他们应当走的路，或我们希望他们走的路。

我们希望我们的孩子感觉到被爱，被关怀，有价值，我们何曾想打击他们他们？但是，问题在于我们所认为的最好，意味着我们要求孩子根据我们成人的脚本来生活，我们试图创造脚本并导演孩子的成长。

我家儿子性格随和而且懂礼貌，他和许多孩子都特别容易相处。交友广泛是件不错的事情，但像他这个年纪，就怕交上些不良的朋友，跟着学坏。要说我儿子这样的人来熟，远的不谈，仅仅是在小区里逛一圈，就跟吸铁石掉进了钉子堆似的，连门卫、勤杂工见了他都会问候几句。当然，在一大群认识的人中间，关系比较好的还是一些和他同龄的孩子。经常见到他们三三两两地出现在上学或放学的路上，至于他们在一起玩些什么，我倒是很少过问。因为我觉得孩子们应该有自由权。

可是最近让我不安的事还是发生了。不知从什么时候起，儿子的身边竟然出现了一些穿着奇装异服、叼着香烟、染着一头黄毛的少年。要说他们"不良"，也没见他们做什么坏事。见到儿子跟他们在一块儿，我也不好意思当孩子的面制止。回到家也找儿子谈过，儿子却说他们又没干什么坏事，只是看上去有些叛逆而已。现在的孩子在成人眼中看来似乎有些"脑残"、非主流，但儿子却说这是他们这一代对现实生活的态度，反而怪我们这些做家长的以貌取人，思想僵化。

听着儿子的"训斥"，一时间我有些懵了，觉得他说得也有些道理。晚上，我把这事儿告诉了老公。本来想听听他有什么高见，没想到他却潇洒地抛下一句"你要相信儿子"，便倒头睡去了。之后的几天，我再也没跟儿子讲起过他的那群朋友。而是有意无意地增加了一些道德品质方面的教育。比如和儿子一起出门的时候，看到有需要帮助的人便会鼓励他主动伸

出援手，让他辅导邻居弟弟、妹妹的功课，有时还带着他给小区周边的流浪猫喂食。儿子本来就交友广泛，这些事情自然都乐意为之。

这样没过几个星期，儿子的身边多了许多活泼开朗、热心善良的孩子，而那群黄毛少年已经不见了踪影。一天晚上，我将成果汇报给老公听，没讨得半点表扬，却又是一句："我早就说过，你要相信儿子！"我不清楚老公是大智若愚还是原本就糊涂，不过的确是他的这句话提醒了我。要想孩子不受他人的影响，就必须认真培养孩子自身的道德品质和价值观念。而更为重要的是，要充分相信孩子。

名人谈教育 📖

追求理想是一个人进行自我教育的最初的动力，而没有自我教育就不能想象会有完美的精神生活。我认为，教会学生自己教育自己，这是一种最高级的技巧和艺术。

——苏霍姆林斯基

165

培养孩子对父母的信任感

孩子之所以不听家长的劝诫很大原因是不信任，以至于家长与孩子无法沟通。信任又是沟通的基础，长此以往，孩子便不愿，甚至不能与家长沟通，致使家长与孩子的距离越来越大。那么怎么才能建立孩子对家长的信任呢？

1. 和孩子成为朋友。

不要动辄就斥责孩子。每个孩子都渴望得到表扬和肯定，希望得到赞许和承认。因此，当孩子失败、失去自信心的时候，父母的一个微笑、一声赞许、一句鼓励的话往往会使孩子重新振作起来。另外，要成为朋友，就要有共同语言，而要与孩子有共同语言，家长就要不断学习新的东西。因为现实生活中父母与孩子之间的"障碍"处处存在。

2. 言而有信，以身作则。

有的家长只会对孩子指手画脚，一边要求孩子学会尊重，学会关心，自

同孩子处好关系的 100 妙招

己却夫妻反目，婆媳相嫌；一边要求孩子努力学习，不断进步，自己却安于现状，不思进取；一边要求孩子诚实守信，自己却出尔反尔。所以父母在对孩子进行教育的同时，要不断提高自身素质和道德修养，以自己的实际行动为孩子做出榜样。请看"曾子杀猪"的例子：

曾子是孔子的弟子。一个晴朗的早晨，曾子的妻子准备去集市买一些东西，儿子哭喊着从身后撵了上来，吵闹着要跟着去。带着他很不方便，因此曾子的妻子对儿子说："你回去在家等着，我回来以后杀了猪给你吃。"这话倒也灵验。她儿子一听，立即安静下来，乖乖地望着妈妈一个人远去。

没想到当她从集市回来时，发现曾子正准备杀猪给儿子做好吃的东西。她急忙上前拦住丈夫，说道："家里只养了这几头猪，都是逢年过节时才杀的。你怎么拿我哄孩子的话当真呢？"曾子说："在小孩面前是不能撒谎的。他们年幼无知，经常从父母那里学习知识，听取教诲，如果我们现在说一些欺骗他的话，等于是教他今后去欺骗别人。虽然做母亲的一时能哄得过孩子，但是过后他知道受了骗，就不会再相信妈妈的话。这样一来，你就很难再教育好自己的孩子了。"

3. 尊重隐私，相互理解。

该放手时就放手。随着孩子年龄的增长，他们在家长面前再也不是透明的了。他们会有自己的秘密，渴望有属于自己的一片天地。他们可能记自己的日记，有自己的信或 E-mail，有自己的电话……对于这些，很多家长感觉难以接受，他们迫切地渴望通过窥探孩子的隐私来了解孩子。然而，孩子的隐私如果常被侵犯，家长又不善于补救，必定导致孩子对父母反感和不信任。一旦双方形成隔阂，再对孩子进行有效的教育就困难了。

任何人如果不能教育自己，也就不能教育别人。

——苏霍姆林斯基

父母的信任可以蕴育孩子良好的心态

孩子的自信首先源于父母对他们的信任。一个孩子只有生活在父母的信任中才能有较高的自我价值感，才能拥有自信心。但在现实生活中，很多父母习惯于凭直觉教育孩子。一发现孩子学习成绩下降就怀疑孩子逃学去网吧，一看到孩子上网就怀疑在浏览不健康网站，一看到孩子和异性交往就认定在早恋……这种敏感已成为不能正确对待孩子的重要诱因。

爸妈给玲玲买了个手机，觉得这样方便联系，可是第二天就后悔了。他们发现，有了手机后，女儿接打电话都在自己的房间里。这样他们很难弄清女儿在和什么人交往。而且，很多电话是在学习的时间打来的，更让他们担心的是不良短信侵扰孩子。

自从孩子有了手机，夫妻俩是一百个不放心。趁女儿不在时翻看电话记录和短信，并对"可疑"短信进行调查——给发信息者打电话，询问对方是谁，为什么发这样的短信以及警告对方不要再发了，这种教育"很有效果"。正当夫妻俩为自己的努力欣慰时，一天下午，女儿进门就把手机摔碎在地，愤怒地说："你们不就是担心它嘛，还调查我。现在班里的同学都笑话我，你们称心如意了吧！"

那么，怎样才能既担负起监护孩子的责任又信任孩子呢？

1. 信任是孩子形成良好心态的基石。

有位哲人说："自信心是每个人事业成功的支点，一个人如果没有自信心，就不可能大有作为。有了自信心，就能把阻力化为动力，战胜各种困难，敢于夺取胜利。"因此，父母要注重培养孩子的自信心，要引导孩子尊重别人但不迷信别人，用科学的态度对待别人的成功与失败。一个孩子一旦有了自信，他就能客观地看待自身的优缺点，就能够更加有效地控制自己的思想和行为。

167

2. 孩子会在"犯错误"中学到很多，以宽容的态度对待孩子的错误。

当孩子因为不听话而犯了错误，不要用偏激的言辞去斥责，而要循循善诱，晓之以理，和孩子一起分析事件的来龙去脉，指出孩子不听话的后果以及造成的危害，然后，帮助孩子改正错误。一生中不犯错误的人是没有的，特别是人生观和道德观正在形成中的孩子，有缺点、犯错误的可能性更大。做父母的要充分理解他们，信任他们，引导他们正确对待错误。

3. 给孩子尝试的空间。

对孩子的事情既不能完全放手也不要过于热心。凡是孩子能做的事，只要是有益的，父母就该支持他们去做。孩子缺乏经验和技术，有时失败了，或者有什么失误，这是正常现象。当孩子遇到挫折和失败时，父母应多进行安慰和鼓励，帮助他们找出原因，使他们的自信心得到充分的保护。反之，则可能引发孩子的对抗。

名人谈教育

自我教育需要有非常重要而强有力的促进因素——自尊心、自我尊重感、上进心。

——苏霍姆林斯基

信任不等于放任

李女士是两个孩子的母亲。她让两个孩子上了标榜自由与开放的体制外学校，强调顺着孩子个性发展，结果孩子在人际关系上和生活态度上有许多缺失，养成"只要我喜欢，有什么不可以"的个性。老大当兵时无法忍受部队的管教，差点出了人命；老二太过自信，听不进别人的劝告，在金钱上不能量入为出，弄得负债累累。

她非常后悔并且自责，认为是当初自己尊崇自由、向往开放式教育而过度强调孩子的自我发展，使得他们无法融入集体，造成今天的不适应。这个案例引起了很多父母的紧张，要知道教育的尺寸要怎么拿捏，才不会过犹不及。

168

在孩子成长的过程中如果完全放任自流，就会像无人修剪的小树。教育孩子首先要知道信任不等于放任，自由不等于自私，自信不等于自负，他们的意义是完全不同的，失之毫厘差之千里。这位妈妈的出发点其实没错，因为每个孩子不一样，的确不可以用同一个模子去套；我们也应该让孩子顺着自己的个性去发展，将来才可能成为一个快乐有用之人。但是孩子还小，阅历不丰，所以需要父母随时监督与指导，因此可以信任他，但不能放任他。信任的先决条件是自重自爱，孩子一定要先自重自爱、诚信守诺，才能享受到父母信任的特权。被别人信任是个特权，但是需要自己用诚信去换来。

很多为人处世的道理应该要让孩子有清晰的认识。自由是以不妨碍他人自由为原则，所以崇尚自由必须尊重别人的自由，凡事能替别人着想，也就不会自私，它的原则就是孔子所说的"己所不欲，勿施于人"。自信来自别人对你的长期肯定，它建立在能力的基础上。因为能力是可以比较的，随时会有人超越你，因此自信的孩子同时要学会谦虚，要懂得人外有人，天外有天。

让孩子领略这些的最好办法就是以身作则。父母必须以身作则，光是说教是没有效的。那么，什么是放任呢？最近报上登了一则新闻：一个十五岁的高中孩子，一个月手机通话费高达二万多元。虽然父母付得起，但是一个不事生产、仰赖别人供给衣食的孩子，打掉上班族一个月的薪水，就是放任。这个行为不能用敢花钱来解释，因为他的"敢"是建立在别人的血汗上。

不要等到孩子做错了才去教训孩子，要记得时刻示范正确的行为，并且随时纠正孩子心中来源于社会上的错误观念，那么孩子自然会成为一个正直有用的人。教养孩子就像农夫种田，耕种时虽然辛苦，丰收的甜美却是没有什么可以比拟的。

名人谈教育

不应把纪律仅仅看成教育的手段。纪律是教育过程的结果，首先是学生集体表现在一切生活领域——生产、日常生活、学校、文化等领域中努力的结果。

——马卡连柯

169

孩子犯了错误父母仍要给以信任

孩子犯了错误不要一味地责骂。孩子的错误大体可分为两种,一种是长辈必须予以立即纠正的,如乱丢垃圾、不讲整洁、欺侮弱小等,一旦放任,以后就再难纠正。而另一种,孩子能够自行纠正,主要是如何适应生活的那一类,是应该允许其犯错误的,孩子不断"犯错误"的过程其实正是不断改正错误、完善方法的过程,假如不给予这类机会,轻易地帮他"打开门",非但剥夺了孩子寻求正确"开门"方法的乐趣,也会使他们变得懒于动手、疏于尝试、习惯依赖父母。

1. 要从全面的角度欣赏孩子。

很多家长都没有耐心和孩子沟通,或者不会和孩子沟通,相互之间的理解不够,同时还存在着认识上的巨大差异。在家里,大多数家长都会自觉或不自觉地把"学习"作为中心词,千言万语浓缩成一句话,那就是"好好学习,争取考上好学校。"其他几乎无话可说,而孩子也不愿意跟父母诉说心事,父母和孩子之间成了这样一种"契约关系",即我给你吃、给你穿,满足你的一切物质需要,但你要给我好好学习,争口气,上大学。一旦孩子"失约",父母就会"翻脸不认人",非打即骂。

在日本有这样一句名言:"除了阳光和空气是大自然的赐予之外,其他一切都要通过劳动来获得"。然而很多家长都把孩子管得这样紧,而且还只关注孩子的学习,孩子的其他社会能力能发展吗?结果,某些孩子上了大学仍然不能够做到独自出门。

2. 不要为了杜绝孩子犯错而刨根问底。

父母觉得自己的孩子应该完全透明,没有任何隐私而言。而实际上,每个人的心中都有不愿告诉他人的秘密,孩子也不例外。孩子有了隐私,许多做父母的总是千方百计地去侦查,如翻抽屉看日记、拆信件,甚至打骂训斥。殊不知这种做法会伤害孩子的自尊心,造成孩子沉重的精神压力,甚至产生敌意和反抗情绪,采取全方位的信息封锁和防备措施,导致父母与孩子关系的恶化。

自尊和隐私是分不开的。如果把自尊心比喻为花瓶，那么隐私就是瓶上的细小裂纹，做父母的更应该细心地保护好这个花瓶。随便暴露孩子的隐私，甚至当众宣扬，这无异于敲打这个有裂纹的花瓶，让孩子无地自容，把孩子的自尊心敲碎。

3. 重视孩子的可塑性，要相信孩子是可以改变的。

不要把错误当成猛虎，在孩子犯了错误之后，作为父母应该真正做到认真地去了解孩子犯错误的原因，从而对症下药，千万不要一棍子打死。沟通是建立在信任的基础上的，如果孩子说了实话，家长却因为孩子犯了错而不相信孩子，孩子下次又怎么会再说实话？而我们又如何能了解孩子的真实思想？更为重要的是，这样会打击孩子的自信心，让孩子自暴自弃，对教育孩子是极其不利的。

名人谈教育

劳动是有神奇力量的民间教育学，给我们开辟了教育智慧的新源泉。这种源泉是书本教育理论所不知道的。我们深信，只有通过流淌汗水，磨出老茧和疲乏人的劳动，人的心灵才会变得敏感、温柔。通过劳动，人才具有用心灵去认识周围世界的能力。

——苏霍姆林斯基

信任孩子才能让孩子学会信任他人

恐怕每个家长都会遇到这样的困惑，我们是孩子最亲近的人，为什么得不到孩子的信任呢？

我一直把儿子视做骄傲，他今年10岁，我曾经拿了一份小学生问题调查表，其中有一道题是让孩子说出对家长和老师想说的话和建议。我把儿子叫过来，原以为他会很痛快地说出来，没想到，儿子却说："反正你又做不到，说了也白说，我还是不说了。"

听到这个答案，我很惊讶，继续问："你怎么知道我做不到？"儿子说："我还不知道你？"说完就走了。从他的语气里，我听出来，孩子根本就不相信我会理解他,采纳他的建议,我很失望。正巧没过几天,儿子在看 CCTV 少儿节目,主持人月亮姐姐让孩子们大胆地说出对家长最不满意的 10 件事。孩子们提的第一条就是:家长言而无信,而且家长对孩子也不信任。儿子在跟前拍着我说:"你就是这样的人。"这两件事对我触动很大。我觉得真的应该好好反思了。

1. 不要"哄"孩子。

相信没有家长是故意跟孩子说谎的,都会有自己的苦衷,可是在孩子的认知中,"哄"就是欺骗。所以要经常用正直和诚实的行为获得孩子的信任。对孩子的提问,包括像"死"、"性"等传统禁忌的话题,也应做诚实的回答。孩子喜欢问:"我是从哪里来的?""我到医生那里打针会不会很痛?"对此都应做出准确的答复。

2. 家长确实无法履行承诺或者误会了孩子要向孩子承认错误。

毕竟不能以教育专家的水平来要求每一个父母,在抚养孩子时难免出现一些失误。如果能用慈爱讲理的态度对孩子解释这些过失,那么他们就能够接受,因而避免造成无法挽回的损失。直接承认自己的错误,并与孩子交谈,向孩子道歉。比如,父母因孩子违反了无关紧要的规矩而大声叫嚷,原因是自己疲劳过度、急躁和失去控制力。就该向孩子诚恳地承认错误。你应该这样说:"我刚才对你吼叫是不对的,现在我知道你并没有做什么错事,是由于我感到疲倦情绪不佳才对你发脾气,请原谅,我对不起你!"父母坦白地、富有感情地承认错误,孩子会宽恕你,和你站在一边,对你更加亲密,更加信任。

3. 父母的态度要一致,并且始终如一。

不要今天心情好了就把孩子宠上了天,明天心情不好就非打即骂。要每天用同一态度对待孩子。换句话说,不要经常改变你对他们热爱和欣赏的态度。对待孩子始终如一,是孩子对你信任的基础。

4. 多关心孩子的精神世界。

和孩子成为朋友不是对他们放任的不妥的行为。对孩子既要有严格的要求,又能理解、尊重、信任孩子。

(1)平时除了关心孩子的生活外,家长要多了解孩子的所思所想、所需所求,要把孩子放在与自己平等的地位,不要总认为孩子太小,什么事都不

懂，任何事情都由家长决定及包办代替。

（2）家长遇事要与孩子多商量、多沟通，真正让孩子感觉自己是家庭中的重要一员。

（3）学习上也要尊重孩子，不要将自己的爱好、愿望强加给孩子。如果孩子从父母那里得到爱、尊重和理解，反过来也会尊敬、爱戴父母的。家长只有走进了孩子的心里，才能够真正的领会到孩子的真实想法，才不会用成人的思维定式去误解孩子。

名人谈教育

教育应该尽量鼓励个人自我发展。应该引导儿童自己进行探讨，自己去推论。给他们讲的应该尽量少些，而引导他们自己去发现的应该尽量多些。

——斯宾塞

173

第八章　如此赞美孩子效果更好

想方设法让孩子相信自己是好孩子

　　成就取决于对自己的认可。要想让孩子成长为有独立意识的、自信的人，就要培养孩子积极的自我概念，实际上就是要让孩子相信自己是个好人。许多父母觉得这个问题好像很新鲜，这是一个什么问题？在孩子的成长过程中，有许多关键时期。10岁左右是孩子形成自我概念的一个关键时期，在这个时候，做父母和老师的要千方百计地让孩子相信自己是个好孩子，让他从小就相信自己。因为一个人认为自己是个好人，就会像好人一样地生活；认为自己是个傻子，是个笨人，就会像个人、笨人一样地生活；认为自己是个坏蛋，就会像个坏蛋一样地生活。

　　让孩子相信自己是个"好孩子"是对其进行其他教育的基础。对于父母来说，要坚定不移地相信自己的孩子是好孩子。我们只有信任孩子，孩子才能真正成为一个好孩子。非常遗憾的是，父母在生活中常常会不自觉地让孩子相信自己是个坏人、笨人。比方说考完试，有些父母就会训斥考不好的孩子："我看你这个样子将来就是扫大街的料！""我算是白生你了，我这辈子真是没指望了！"这些话听起来让人很沮丧，会让孩子怀疑自己：我是个聪明的孩子吗？我是个好孩子吗？这样的怀疑有可能使孩子丧失自信，产生自卑，导致心理问题，甚至酿出悲剧。

　　成人尚且需要他人的认可和鼓励，何况是自我认知还不是很清晰的孩子呢？"良言入耳三冬暖，恶语伤人六月寒。"我们要求自己仔细观察和揣摩孩子的心态、处境，选择时机有针对性地用"良言"温暖他、鼓励他；当孩子受窘时，说几句话为他解困；当孩子沮丧时，用热情的话予以鼓励；当孩

子疑惑时,用智慧的语言给他提个醒;当孩子自卑时,点亮他的"闪光点",燃起他的信心。良好有效的学习应是有张有弛,有劳有逸。学习的时间对于中小学生来说,一般经过一个小时,就要休息一下,松弛一下,使大脑的疲劳得到缓解,待精力恢复了,再行学习,才能提高学习效率。不要一味地反对孩子玩,适当地玩,也是一种休息。事实上,我们常常可以看到,那些学习成绩优异的孩子,并没有学得那么苦、那么累,那么不分昼夜,相反,他们学得都比较轻松,合理分配时间,从而保证良好的学习状态。好孩子是夸出来的,家长要拿出宽容和爱心,多找孩子的闪光点,让他们自信地走上人生之路。

硬塞知识的办法经常引起人对书籍的厌恶;这样就无法使人得到合理的教育所培养的那种自学能力,反而会使这种能力不断地退步。

——斯宾塞

175

准确、具体、及时的表扬才更有效

表扬也不是要把孩子捧到天上去,那只会让孩子分不清东西南北。表扬孩子是一门艺术,对孩子表扬要具体、准确、及时。有的父母会这样表扬孩子:你真是个好孩子,你真聪明,你真用功。看起来确实是在表扬孩子,但这样的表扬含糊不清,无助于孩子认识自己。

表扬对孩子来说是一种动力。所以作为家长的我们,不要吝啬口中的表扬词,告诉孩子,他们出色在哪里,那样,孩子会更优秀。当然,夸孩子不是无原则地戴高帽子,也要讲方式方法。我们夸孩子勤奋,不夸孩子聪明;夸孩子进步快,不夸孩子学习好;夸孩子的进取精神,不夸孩子居功自傲;夸孩子的自信,不夸孩子的自负;夸孩子不拘一格的创新,不夸孩子照猫画虎的复制。

洋洋是很聪明的孩子,可是因为总是不把心思放在学习上,所以成绩不上不下,无法提高。洋洋的妈妈根据他爱思考的特点,给他订了好多儿

童画报和杂志,上面有各种益智游戏、谜语、各国风土人情和地理知识。没想到一段时间后,在一次考试中洋洋答对了一道几乎没有人知道的课外思考题,就是因为运用了书上的知识。回家后,妈妈马上对眉飞色舞的洋洋说:"我们洋洋真了不起,没有人能做对的题你也做出来了。这都是你博览群书,爱思考的功劳。书本上的知识也很重要啊,以后也要抓紧时间多了解书本知识好不好?"洋洋从课外学习中得到了认可,从此学习的兴致更高了。

要留心孩子成长的每一步,及时发现错误并及时对所取得的进步进行表扬。特别是在人多的时候更要表扬,激励他,鼓励他奋进;孩子有了缺点,不要指责,更不要训斥,要分析孩子产生问题的原因,找到原因之后在适当的时候找他谈。在谈问题之前要肯定孩子的成绩,指明他应该努力的方向,然后再告诉他目前还存在问题,如果这些问题改了他就是一个完美的孩子了。这样他就很容易接受,也很容易改正不足。

名人谈教育

教育中要防止两种不同的倾向:一种是将教与学的界限完全泯除,否定了教师主导作用的错误倾向;另一种是只管教,不问学生兴趣,不注重学生所提出问题的错误倾向。前一种倾向必然是无计划,随着生活打滚;后一种倾向必然把学生灌输成烧鸭。

——陶行知

表扬孩子要"就事论事"

一味地表扬不但无法起到激励孩子的作用,反而会起反作用,一味地表扬不是真正的欣赏。没有批评的教育是伪教育。现在越来越多的父母们已经认识到了赏识教育的力量,但是同时又看到很多的案例:父母的过度表扬使孩子的抗挫折能力很低,并且造成孩子的盲目自信与狂妄。这就是表扬的使用不当,欣赏的误用了。

人无完人,同样,也没有一无是处的人。任何人都有值得欣赏的地方,

176

孩子当然也是最值得我们去欣赏的人。欣赏是一种源于爱的对他人的认同，欣赏也应包含"包容并指正他人的不足"。因为帮助他人正确认识自己并克服缺点，这样一个人才能更加完善，他所具有的好的一面才能更加长青更有生命力，这才是真正的爱。所以经常听到老一辈的人说："批评你是为了你好。"是不无道理的。

父母要有甄别何处该赞扬何处该勉励的能力。孩子无疑是最应该受到我们欣赏的人。他们每一个人都有值得欣赏之处，同时也都有各自的不足甚至缺点，我们做父母的对孩子的教育应该"扬长"而且不"避短"。

那天放学回来，豆豆拿着老师批改过的作文对我说："妈，老师表扬我成语丰富呢。"我拿来一看，他写的是：人多得像成千上万只蚂蚁。其实简单的一句"人多得像蚂蚁似的"也许更能给人留下遐想的空间，"成千上万"这个成语反而削弱了要表达的意思。

我想，不能让他对成语失去兴趣，打击孩子的积极性，又不能让孩子钻牛角尖，便说："豆豆，你记住了很多成语，而且在写作文时经常引用成语，这样很好。成语用好了就能让作文锦上添花。"

豆豆听了自然手舞足蹈，甚至有点骄傲，我继续说："但是，不是在文章中用成语越多就越好，用得不好反而起到相反的作用。比如用'成千上万'，不如用'人山人海'更能说明天安门广场人多的景象。你掌握了比别人多的成语，说明你看书时很用心；在写作文时尽量用成语，而且有时候成语用得很恰当，这样会让作文很出彩；但是要正确理解成语的含义，并且要恰当使用成语，成语不是用得越多越好，用得不恰当或者过多反而不如不用。"

表扬不能片面，过多的表扬就像拿着放大镜看孩子，会让孩子忽略了很多应该改正的细节。比如过分夸奖孩子会的成语多，就容易导致孩子片面追求在作文中用成语，而不考虑成语的用法是否准确合适。因此，表扬要与勉励相结合。

名人谈教育

教育不能创造什么，但它能启发儿童的创造力以从事于创造工作。

——陶行知

177

充分给予孩子认可和赞美

我们总是嘱咐孩子出门要当心来往车辆,注意安全,可是你想过吗?赏识教育也是对孩子的保护。父母是孩子最直接、最亲密的保护者,我们不仅要保护孩子的身体健康和人身安全,更要保护孩子的心理安全。可能我们的孩子与别的孩子之间存在着差异,也可能我们的孩子学习成绩不如别的孩子优秀,同时也可能对学习缺乏自信,调皮捣蛋,与父母对抗等。

生活在鼓励中的孩子才能建立自信;一个孩子生活在认可之中,他就能学会自爱。有时我们一个真诚的微笑,一句热情的表扬,都可以在孩子身上转化为无穷的动力。因此,我们一定要精心呵护每一颗美好而脆弱的心灵。我们的爱注入孩子心田,就会转化为孩子对知识和世界的热爱,从而促进孩子向良性发展。

1. 期待是一种认可。

孩子的成长不是孤单的、被动接受的过程,只有双向或多向的、开放的,具有情感色彩,特别是在具有积极、愉悦和快乐的情感色彩的教育,才能收到出奇的效果。所以如果孩子能在学习中不断的自我肯定与被肯定,那么他就会表现得和我们所期待的一样,当他取得成就与奖励之后,就会出现以成功促成功,优秀上更加优秀的效果。著名的罗森塔尔"期待效应"其实就是对孩子施加积极期待,使期望化为孩子"自我实现预言的作用",从而使期待成为现实。

期待不是给孩子过高的希望,而是要引导和推动了孩子积极而健康成长,就如给一艘迷失的航船指明了方向,这样孩子的目标性、追求成功的积极性就会更强。一旦这种期待被激活,就会转化为孩子自身的原动力和内驱力,从而使其逐步树立信心,建立恒心。作为父母要相信自己的孩子是天才,想方设法让他建立自信心,以及养成良好的行为习惯,同时鼓励孩子抬起头做人,挺起胸走路。

2. 孩子能从赏识中得到鼓舞。

有数据显示:一个人在没有受到激励的情况下,他的能力仅能发挥

20％～30％，如果受到充分的激励，能力就有可能发挥 80％～90％，以至更多。由于父母对孩子的赏识，亲子之间仿佛架起了一座桥梁，把亲子之间的情感联结在一起。这样孩子就会主动地与我们沟通和交流，这样我们就可以走进孩子的内心，然后随其心顺其性千方百计地激发孩子的对学习和生活的热情，让孩子找到自尊，寻回自信，使他在充满爱意的激励中，经常保持满足，快乐，稳定的情绪内涵，洋溢着创造的激情和充斥着进取的动力。

名人谈教育

中国教育之通病是教用脑的人不用手，不教用手的人用脑，所以两类人都一无所能。中国教育革命的对策是手脑联盟，结果是手与脑的力量都可以大到不可思议。

——陶行知

179

增加赞美孩子的机会

对孩子的美好期盼是每个家长都会有的，当看到别人的孩子表现杰出时，不少家长常会埋怨自己的孩子一无是处。一味埋怨的做法不仅徒劳无益，而且会伤害孩子稚嫩的自尊心。事实上，每个孩子都有潜藏的才能，即便是临床上认为弱智的孩子。开发孩子的潜能，为日后成才打下坚实的基础，才是每一位家长应当努力去做的。

有的家长觉得自己的孩子总也不进步，没什么可赞美的，那是你没给孩子机会。要有耐心等待孩子发挥潜力。有些父母一时叫不动孩子做家务事，干脆自己做；嫌孩子不会买东西，索性自己出门；认定孩子念不好书，便帮他复习……久而久之，孩子生出惰性，心想反正父母一定会伸手援助，便乐得坐享其成，让自己的"天资"睡着了。所以，当父母埋怨孩子懒惰时，不妨扪心自问，自己是否对孩子缺少耐心，把孩子的表现机会"洗劫"一空了。

即使孩子所做的并不像你想象的那么好，只要他努力了，也该及时给予赞美。因为，即使是个天才，也需要有一个练习的机会来酝酿信心，而后

才会越走越顺。如果只是一味地打击、批评，孩子会窘得抬不起头，再也不肯尝试。看看这个家长的故事，也许会给你很多启发。

又到了开家长会的时候，老师对她说："你的儿子有多动症，在板凳上3分钟都坐不了。"回家的路上，儿子问她，老师都说了些什么？她鼻子一酸，差点流下泪来。然而她还是告诉儿子："老师表扬你了，说你原来上课总是走神，现在能集中精力听讲了。别的家长都非常羡慕妈妈，因为全班只有你进步了。"那天晚上，她儿子破天荒地吃了两碗米饭。

第二年，又逢家长会，老师说："全班50名同学，这次数学考试，你儿子排第49名。我怀疑他智力有些障碍，你最好能带他去医院查一查。"回去的路上，她又流下了泪。然而，当回到家里，看到诚惶诚恐的儿子，她又振作起精神说："老师对你充满信心。他说了，你并不是个笨孩子，只要能细心些，一定会超过你的同桌。"说这话时，她发现，儿子黯淡的眼神一下子舒展开来。第二天上学，儿子比平时都要早。

转眼儿子就上了高中，在家长会上，老师告诉她说："以你儿子现在的成绩，考重点中学有点危险。"她怀着惊喜的心情走出校门，告诉儿子："班主任对你非常满意，他说了，只要你肯努力，很有希望考上重点大学。"高中毕业后，儿子把一封印有清华大学招生办公室的特快专递交到她的手里，边哭边说："妈妈，我一直都知道我不是个聪明的孩子，是你……"这时，她悲喜交加，再也按捺不住十几年来集聚在心中的泪水，任它打在手中的那只信封上。

要解放孩子的头脑、双手、脚、空间、时间，使他们充分得到自由的生活，从自由的生活中才能得到真正的教育。

——陶行知

表扬孩子时一定要充满诚意

赏识教育源于美国。适时地表扬和夸赞有助于增强孩子的自信，塑造良好的品德和行为。但是夸奖孩子也有一定的原则章法，如果夸奖被滥

用,不仅达不到鼓励孩子的目的,还可能让孩子变得骄纵和自大。要使夸奖真正能够打动孩子,应遵循以下几个原则:

1. 表扬要具体。

父母不要笼统地说:"我们孩子真好"这样的话,要告诉孩子在哪些方面取得了进步,不能走过场一样泛泛地说:你做得不错,要继续努力。表扬得越具体,孩子就越清楚什么是好的行为。比如客人走了之后,妈妈可以对孩子说:"今天叔叔给你东西的时候你马上说谢谢了,真有礼貌。"孩子写完字后挑出几个写得比较好的对他说:"妈妈喜欢你写的这些字,每个都干干净净,没有出格。"孩子对于真诚的有内容的夸奖是来者不拒的,具体的表扬会让孩子明确知道自己哪里做得好,产生真正的满足感。

2. 表扬孩子没有必要避开公开场合。

也许是受中国人自古以来的谦虚心理的影响,中国父母常常喜欢在人前夸别人的孩子,贬低自己的孩子,这是最损伤孩子自尊心的做法。想让孩子有自信,一定要在人前表扬他,诚心诚意地把孩子性格中的闪光点,行为上、习惯上让人欣赏的地方提出来。人前表扬,即使是一点点小事,比如孩子很贴心,出门会帮妈妈拎东西,对强化孩子良性行为的效果都有极大的作用。要注意的是,在公开场合表扬的一定是孩子性格与行为上好的地方,不是孩子取得的任何成绩或者荣誉,若是后者,性质就变了,成了炫耀。

3. 物质奖励宜少不宜多。

有个心理学上的实验值得家长深思。心理学家挑选了一些喜欢绘画的孩子,将他们分为两组。老师对 A 组的孩子们许诺,"只要画得好,就给你们奖品",而对 B 组的孩子们只是告诉他们"我想看看你们自己创作的画"。两个组的孩子们都画了画,但是心理学家通过暗中观察,看到 A 组的孩子们大多都是被动地画着什么,他们绘画的兴趣明显地被降低了,而 B 组的孩子们却都是兴致勃勃地在创作。最后检验画作,B 组孩子的画充满了创意,平均水平明显高于 A 组。这个实验,在不同的国家、不同的年龄组里都进行过,得到的结论完全一样。

再举个很简单的例子:家长告诉孩子期末考试考进前十名就给孩子买台电脑,那么孩子暂时会为了奖品冲冲刺,但是这种刺激会使孩子渐渐丧失了对学习本身的兴趣,属于釜底抽薪的行为。真正想让孩子学业上有长进,就得培养孩子的自主学习的精神,让他们对探索未知世界、解决难题本

身有兴趣才行。

表扬孩子的每一点进步

　　同样的生存环境,为什么有的人成功而有的人失败,这是心态的积极与消极所致。罗丹曾说:"生活中不是缺少美,而是缺少发现美的眼睛。"那么,就让我们去做那双善于捕捉孩子闪光点的眼睛,放大眼光去看孩子的优点,缩小眼光看孩子的缺点,让优点同化缺点,缺点转化为优点。使孩子能愉快地学习,乐观地生活。相信自己,也相信我们的孩子——好孩子是夸出来的。

1. 不要强调结果和无法改变的特质,而要强调在进步过程中付出的努力。

　　比如孩子取得了好成绩,夸奖孩子:"你真聪明!"是不合适的,应该夸孩子用心看书、很用功、考前做了充分准备。因为一个人聪明与否是天生的,孩子自己无法改变,而努力认真却是孩子可以通过自律做到的,表扬强化了他认真准备的行为,下一次他会再接再厉。

　　夸奖聪明等特质或天赋会助长孩子的自负心理,而不再去努力,甚至以卖弄聪明的方式来讨大人的喜欢,久而久之,孩子会变得自大浮躁,进而看不上不聪明的同学,而当遇到比自己更聪明的人时,又会产生自卑感。如果大人的重点放在奖赏孩子认真努力的行动上,他会意识到好成绩是由踏踏实实的努力得来的。

2. 多赞扬孩子的品质和具体的优点。

　　如果你夸一个女孩漂亮,她会将漂亮视作一种资本。夸她漂亮就不如说"你笑得真甜,你很有礼貌。"因为外表不是她能决定的,大人在意外表,会让孩子以为天生的漂亮是值得骄傲的资本,进而看不起长相平平甚至丑陋的孩子,会使孩子在观念上产生混淆,对她的成长不利。而微笑有礼貌这都是她能够通过努力做到的,外界的表扬强化她的礼貌行为,她就会成长为一个总是面带笑容的有礼貌的孩子。比如一个孩子数学学得不好,父母要鼓励他下一次考及格,如果他真的及格了,父母要和孩子讨论的是成绩为什么提高了,从中找到他努力的痕迹进行表扬,对孩子付出的心血进

行赞赏,不能单单去强调"及格了"这个结果。

3. 不能为了赞扬孩子而给孩子设立过高的目标。

有了表扬,孩子就有了进步的动力。父母尤其应该注意的是,给孩子设立的目标不能超出孩子的能力之外。每个孩子的能力都不尽相同,表扬能够让孩子做一件事更有热情、更有兴趣、更加努力,但是最终结果却不会超出他的能力之外,父母对此要有清醒的认识。如果你设立的目标孩子无论怎么努力都难以达到,最终会使孩子陷入沮丧和自我贬低之中,到最后破罐子破摔,管它什么表扬还是批评都不会管用了。

名人谈教育

如用几句话来表达家庭教育学的全部精华,那就是要使我们的孩子成为坚定的人,能严格要求自己。我在这里似乎有点夸张地说:若请他参加婚礼,即使那里所有的人都喝成醉鬼,他母亲也相信自己的孩子定会清醒着回家。

——苏霍姆林斯基

183

在理解的基础上赞美孩子

要赞美孩子就要了解孩子,无论有什么样的结果,都要对孩子的付出表示理解。在日常生活中,注意观察孩子的行为举止,喜好憎恶,在他与别人玩耍、交谈或自己阅读、游戏时,可以察觉出他虽不爱弹琴却喜欢绘画,虽没有耐心却有创意,虽不擅言辞却很热心,把这些蛛丝马迹记录下来,你就能归纳出孩子的性格趋向或者说擅长的一面,从而诱导启发他。

任何优点都要在行动中有所表现才能被大家看到,并且承认。创造机会了解孩子的性格趋向与喜好之后,别忘了给他机会多加练习。比如,家人生日时,鼓励每个人表演一个节目,每周一晚上轮流朗读短文并发表心得,让孩子把当天经历的有趣的事叙述一遍或记录下来……更重要的是,随时创造机会让孩子帮你的忙,只要是他力所能及的,如洗碗、拖地、收衣服等。这样越做越熟练,越有信心,孩子才不会退缩在自卑自闭的角落里。

同孩子处好关系的100妙招

1. 不要让对孩子的期待变成孩子的压力，不要事先赞扬。

举个例子来说，考试前，很多父母都喜欢对孩子说："我相信你，你肯定能考好，爸爸妈妈等着你的好消息。"这样表面看似鼓励赞扬的话实际上会给孩子增加压力。经常听到某某考生临场发挥不好，都是孩子心理承受了太大的压力所致。父母应该告诉孩子：考试就像平时做作业一样，要有平常心，发挥出自己的水平即可。

2. 父母不要有"成者王侯败者贼"的思想，只要孩子确实努力了，失败后也要鼓励。

很多父母对孩子难免有些"势利"，在孩子取得了成绩时给予表扬鼓励，失败了就批评责难。实际上当孩子失败的时候，更需要父母的支持和肯定，这是培养孩子健全人格和良好心理素质的关键。

有个孩子从小就练习柔道，水平已经相当不错了。在参加一场很重要的柔道比赛时，他竭尽全力，可还是在最后关头以微小差距输了。这时候，他爸爸没有露出丝毫失望之色，上来使劲搂住他说："儿子，好样的！和对手拼到了最后一秒钟，我为你勇敢顽强的精神而自豪！"这个孩子因为爸爸的鼓励，在比赛场上变得越来越敢打敢拼，后来得了少年比赛的冠军。而最大的收获是他在做其他事情时也充满了不畏失败、坚韧不拔的精神。

失败不等同于就该受到指责和惩罚，当然如果没有努力，另当别论。父母要鼓励孩子不害怕失败，不追求完美，敢于尝试直至成功。从失败中建立起来的成功会让孩子变得自信强大。研究显示，在竞赛中后来居上者一般比一路领先者更体现出一份自信来。

一生的生活是否幸福、平安、吉祥，则要看他的处世为人是否道德无亏，能否作社会的表率。因此，修身的教育，也成为他的学校工作的主要部分。

——裴斯泰洛齐

第九章　掌握处理孩子情绪的技巧

　　家长的情绪能够严重影响孩子情商的发展。如果父母的情绪难以琢磨,孩子们会感到不安全和焦虑。如果父母某天对某种行为视而不见,而过几天又因为同样的行为大发雷霆,孩子们会无所适从。如果父母是因为其他事情着急而迁怒于孩子们,那么孩子们可能会因为觉得受到不公对待而产生憎恨情绪。如果父母经常发脾气或情绪不好,孩子们会有一种威胁感,会觉得害怕。父母的情绪直接影响孩子们的行为,所以父母是否在意自己的情绪就很重要。

　　1. 指导孩子功课要有耐心。

　　解题的过程需要思考,而怒吼却恰恰把孩子引向了害怕、委屈、愤怒和抗拒,他的精神完全被这些负面情绪所占据,还怎么能够静下心来思考?愤怒损耗能量,当父母发怒的时候,自己已经不可能静下心来给孩子讲题了,而父母的愤怒又点燃了孩子的愤怒,结果双方都是既伤身,又伤心,最后不欢而散,学习草草结束。

　　2. 不要用斥责的语气对待孩子。

　　当我们用指责的口气批评孩子时,孩子一定会产生抵触情绪,结果事与愿违。我们为什么不能换一种方式呢?我们可以这样和孩子交流:我刚讲的内容,你又做错了,是不是刚才妈妈没有讲清楚?事实上,孩子忘了,很多时候有家长自身的原因,没准儿确实是家长没讲清楚。宽容、善意,这些对待人的基本准则,也应该用在孩子身上,不能因为他比我们弱小就可以随便吼他。再小的孩子也是会反抗的,惹不起,躲得起,他可以不问你,不让你知道他不懂,天下很多很多的孩子不就是这样的吗?

3. 让孩子"怕"不是值得骄傲的事。

不少父母总是很骄傲地说:"我家那孩子,特别怕我,只要我一瞪眼,他就吓得不敢大声喘气。"让孩子怕,是父母值得骄傲的事儿吗?怕其实也是一种反抗、一种逃离。粗暴从来不会导致和谐,当孩子弱小的时候,他只有怕,只有忍让,但当他强壮了,反抗的方式就会不止于此,你还能拿他怎么样?"怕"就是对抗的开始。其实,我们解决问题才是主要的,指责不仅解决不了问题,还会把问题搞得更复杂,更糟糕,得不偿失。

名人谈教育

习惯真是一种顽强而巨大的力量,它可以主宰人的一生,因此,人从幼年起就应该通过教育培养一种良好的习惯。

——培根

以退为进,冷静处理

家长不要轻易对孩子发脾气,同时,也不能被孩子的"脾气"牵制。孩子闹情绪耍性子是很常见的,一些家长见不得自己的孩子受委屈,孩子一哭一闹,家长就妥协了,马上答应孩子的要求,这实际上是一种错误的溺爱行为,长此下去,小孩的行为不良性情得到助长,后果反而更严重。以后他想要怎么样,就会闹情绪耍性子不达目的不罢休。

对于这种孩子家长要会冷处理。比如在孩子玩的时候,时间太晚了,应该回去了孩子不肯,哭闹着不肯走。这时候,家长可以不管孩子,自己在回家的路上走,等孩子跟上来后,也不要理他,让他自己意识到错误或者主动跟来的时候再原谅他。这样孩子就能知道自己的要求不对,以后也会适当注意。至于一些特别能哭不讲道理的小孩子,家长千万不要心软,让他哭过这样几次之后,他知道就算自己哭得再凶,爸爸妈妈也不会答应他的无理要求,以后也不会再犯同样的毛病。

控制情绪的方法:

1. 发怒时,采取暂时回避的态度。

孩子惹人生气是常事,当你气得快吼出来时,请离开一会儿让自己稍稍平静一些。为何有的家长会把孩子打伤打死?是因为打孩子是在宣泄自己的情绪,坏情绪的宣泄一定要在彻底宣泄完之后才会痛快。所以一旦坏情绪开始释放,就很难控制住了。那么我们必须要在第一时间不让它发生;最好的方式就是离开情绪现场。

2. 用想象法暗示自己。

在想要发火前,请及时暗示自己:我的情绪在顶楼,我得乘电梯下去,现在已经降到二楼。当情绪能够从最高层下降的时候,我们也就容易掌控情绪了。

3. 调节气息,深呼吸。

深呼吸可以让人平静。通过呼吸让自己平静下来,让自己的情绪不再失控。很多和情绪有关的词儿都和"心"有联系。比如"愤怒""忧愁"。最近有科学家发现,我们人体大概有 4 万个神经和大脑相通。当你调整呼吸的时候,他们会有助于我们对情绪的管理。

4. 发怒时让自己重新思考。

向自己提问,问自己 3 个问题:我为什么要生气?我生气是否能解决问题?如果不能解决问题,我应该选择什么方法来解决问题?

当然情绪不是那么容易控制的,这需要家长长时间的自我调整。如果我们家长能把其中的任何一种方法慢慢形成一种习惯的话,那么我们的情绪也就不是那么难控制的了。

名人谈教育

用殴打来教育孩子,不过和类人猿教养它的后代相类似。

——马卡连柯

应懂得接纳孩子的情绪

孩子不信任父母是没有从父母这里得到足够的安全感。随着时间的

流逝,当孩子从父母这里得到所需的支持和信任的时候,便会感到安慰。他与父母在一起的时候会觉得安全。亲子交流沟通一个最厉害的武器,就是接纳孩子的情绪。接纳孩子的情绪就是无论孩子在悲伤、孤独或兴奋、快乐时,家长都能够给予孩子关注、尊重和理解,而不是立刻反对他的情绪。

接纳情绪不是任由孩子发脾气,而是先接纳,再想办法改变。就是先顺着对方的意思,然后把自己的意思说出来。而关注、尊重、理解孩子的情绪,方法就是换位思考,换位思考是理解的前提,很多时候就是理解本身。而接纳孩子情绪这个方法,是所有方法中运用最多的,既可以单独运用,也可以和其他方法一同使用。人喜欢的是自己,其次是喜欢像自己一样的人。接纳了孩子的情绪,孩子就会喜欢你、信任你,从而愿意听从你的建议或看法。

这里有 3 个接纳孩子情绪的方法,当然,方法是死的,大家要灵活变通:

1. 用"是吗?""嗯,我明白了"等表示接纳。

赞同的语气可以让孩子从心里接近你、信任你,有些时候这些简短的话,就可以换来孩子的平静心情,之后可以说出你自己的关心或看法。

孩子放学回家,说了一句话:"作业太多了,累死我了"。擅长接纳情绪的父母会说:"是吗?在沙发上歇一会吧。"而不懂得教子方法的家长,可能会说:"我还没有听说过上学会累死的,纯粹找事。"再举例,孩子担心考试发挥不好,理解孩子的父母会说:"嗯,我知道了。爸爸小时候参加考试,总是先把心情放松,然后考试前静坐 3 分钟,尽量发挥。"而有的家长可能会说:"平时就看你不用功,害怕了吧?活该!"

2. 用和孩子相同的感受回应,比如称赞孩子。

不要吝惜溢美之词。孩子考试成绩很好,合格的妈妈会说:"好孩子,妈妈真为你高兴,你是最棒的!这是你平时的努力和汗水换来的成果,相信下次你会更好的!"不懂得方法的家长可能会说:"小小成绩你就沾沾自喜,成不了大气候。"或者,当孩子遇到问题,表示悲伤时,爸爸妈妈可以在表情上表示自己的担心并且说:"孩子,怎么了,遇到了什么问题?和爸爸

妈妈说说好吗?"

3. 发挥想象,大事化小小事化了。

例如,孩子把颜料瓶打翻了,画布上变得乱七八糟,妈妈可以笑眯眯地说,要是吹口仙气能复原就好了。孩子的坏心情马上就飞了。

名人谈教育

道德教育的核心问题,是使每个人确立崇高的生活目的……人每日好似向着未来阔步前进,时时刻刻想着未来,关注着未来。由理解社会理想到形成个人崇高的生活目的,这就是教育,尤其是情感教育的一条漫长的道路。

——苏霍姆林斯基

189

给予孩子情绪支持

为人父母者都希望孩子时刻都保持活泼、好学、懂事、乖顺。当孩子情绪低落、大哭大闹、发脾气不上学时,我们常常感到无计可施,自己的情绪也变得恶劣,只能拿出做父母的权威,采取"高压政策",简单粗暴地对待孩子。当孩子哭泣的时候,当孩子恐惧的时候,当孩子发脾气的时候,当孩子愤怒的时候,我们怎么办? 怎样做对孩子最有帮助?

倾听是很重要的,这不意味着你纵容他,你只是在帮助他摆脱不良情绪。你的倾听,可以逐渐减弱不良情绪对孩子的控制,一旦完成整个倾听过程,孩子自己良好的判断力就会得到恢复。倾听一个孩子的哭闹,对孩子的成长极为有益,而且本身也并不复杂,不过是实践起来却并不容易,这需要成人有十足的耐心,能理解孩子。

压抑的后果是很严重的。有调查说,现在患抑郁症的孩子越来越多。这些孩子遇到不快时,不向他人合理表达自己的情绪,遇上困难也很少向别人求助,习惯压抑自己,不让他人知晓。久而久之,问题得不到解决,不良情绪得不到宣泄,就容易患心理疾病。

有情绪没关系,关键要给予孩子帮助。不要有太多的训斥、责难、教育,让孩子有机会独自处理自己的情绪。孩子只对自己有体验的事物才有

感觉,在不快乐中学习处理不快乐,在愤怒中控制调适自己的心情,在沮丧中学习振奋自己,给孩子留出自由的时间和空间,不要急于参与处理孩子的情绪。妈妈不要一看孩子不高兴了,愤怒了,沮丧了,就去干预。只要孩子的发泄没有伤害自己和他人,也没有损坏东西,哭,就让他哭;怒,就让他怒;忧,就让他忧……让他自己有一个自由释放的空间和时间,在体验中学习管理和宣泄情绪。当然不是让孩子的情绪完全失控,合理宣泄,也包括让孩子在体验中学会适度控制和调节情绪。

一个女孩子不小心使养的宠物狗死了,她非常伤心难过,甚至第二天不能去上学。妈妈没有强迫她,很理解地对女儿说:"心里难过今天就不去了。"她知道孩子在学校里,想起她的狗狗会难过,面对同学老师又不能尽情流泪。在家一天的时间里,妈妈给了女儿独自面对痛苦的时间和空间,使孩子的难过情绪得到了宣泄,眼泪有时是很好的"情绪治疗剂"。

让各种情绪自然而合理地流露是最好的方式。允许这些情绪的存在,化解它,而不是压抑它。伤心时,让他哭出来;愤怒时,引导他找到合理的排解渠道。当然,这有别于孩子以哭闹为手段去达到自己的某种需求,后者是要规劝的。所以,我们需要提醒自己,留意在我们的家庭生活中,是不是经常存在否定和压抑感情的现象。在反省中,帮助我们的孩子在感情上得到正常的舒张,而不是过分的压抑和伤害。

 名人谈教育

追求理想是一个人进行自我教育的最初的动力,而没有自我教育就不能想象会有完美的精神生活。我认为,教会学生自己教育自己,这是一种最高级的技巧和艺术。

——苏霍姆林斯基

正确对待孩子的负面情绪

孩子有了负面感受时,父母应该怎么做呢?这时,最需要的是父母接

纳和尊重他的感受。有 4 个超级技巧：

1. 安静专心地倾听。
2. 用简单的词语回应他的感受。
3. 说出他的感受。
4. 用幻想的方式实现他的愿望。

下面我们来解答技巧使用过程中家长们的一些常见问题。

当然，也没有必要对孩子的任何一句话都产生共鸣。我们与孩子的对话大多都是些生活琐事。比如，孩子说："妈妈，我今天放学后要去大卫家。"这时候，妈妈没必要回答他："哦，你决定下午去朋友家啊？"只需要简单地说"谢谢你告诉我"，就足够了。只有当孩子期望我们了解他们感受的时候，再来回应孩子的感情。回应孩子的正面感受其实并不难。比如：孩子兴奋地告诉你："我今天得了朵小红花！"家长只需要用同样的语气回应他："真棒啊！你一定很开心噢！"

191

有很多家长对孩子的负面情绪不够重视，或者不知道怎样去处理。当面对孩子的负面感受时，我们需要使用沟通技巧，抛弃以往常用的忽略、否定、说教的方式。孩子的心理感受和身体一样需要得到及时认真的关注。当你开始设身处地地把孩子的伤心、难过等负面感受想象成孩子身体上的伤痛时，你对孩子的情感需求就会变得敏感起来。

孩子不喜欢向一个不了解自己的人敞开心扉。当孩子难过的时候，我们说"看起来你好像很难过。"对孩子会很有帮助。而不是"怎么了？"或者"你为什么有那样的感受？"孩子更容易和一个接纳他们感受而不是逼着他们做出解释的成人沟通。孩子需要我们"回应和了解"他的感受。类似"你做得对"这样的回应方式，也许能让孩子得到暂时的满足，但是，却妨碍了孩子对自己的反省。如果接纳孩子的感受，就能让孩子积极地思考问题。如：

一天放学后，孩子万分沮丧地说："老师说要取消我们的表演。她真讨厌！"家长："那你一定很失望。你期待了那么长时间！"孩子："是啊。就因为彩排的时候，有几个同学捣乱。那也是他们的错啊？"家长继续安静地听。孩子："而且，大家都不知道自己该演什么，老师很生气。"家长："原来是这样啊。"孩子："她说如果我们好好演，就再给我们一次机会。我准备再复习一次我那部分。你今天晚上提醒我，好吗？"

同孩子处好关系的100妙招

志向是天才的幼苗,经过热爱劳动的双手培育,在肥田沃土里将成长为粗壮的大树。不热爱劳动,不进行自我教育,志向这棵幼苗也会连根枯死。确定个人志向,选好专业,这是幸福的源泉。

——苏霍姆林斯基

帮助孩子学会表达情绪

192

家长的任务是协助孩子成长,而不是替代。这里为家长提出了协助孩子成长的5条建议,以教会孩子准确表达情绪和感受。表达情绪是沟通的前提,情感上没有合作的话,说什么都听不进去。当感觉孩子成绩不好时,首先要认同孩子的情绪,其实他自己已经够难受了,要教会他表达,他是感到失败?感到没面子?感到自己笨?要让他自己说出来。

1. 说出你所感受到的孩子的情绪。

例如:"宝贝,我看到你很伤心的样子,告诉我发生了什么事?"或者,"你看起来不太高兴,什么事让你生气呀?"作为处理情绪的第一步,"肯定"的意义是向孩子表达:我注意到你有这个情绪,并且我接受这个有情绪的你。无论孩子怎样回应你,你都应该让孩子知道,你尊重并完全接受他的感受。

2. 先处理情绪,后处理事情。

孩子们对情绪的认识不多,也没有足够的和适当的文字描述情绪。你可以提供一些情绪词汇,例如:"那让你觉得担心,对吗?"或者,"你觉得被人冤枉了,很愤怒,是吗?"认识到这些情绪的存在,孩子便更容易了解和处理他们所面对的事情了。孩子需要一些时间去表达他的感受。耐心些,当孩子正努力地说出自己的情绪时,不要打断他,鼓励他继续说下去。当孩子有合适的情绪表达后,你会发现孩子的面部表情、身体语言、说话速度、音调、音量和语气等都变得舒缓了。待孩子的情绪稍微平静下来后,就可以继续引导他说出事情的细节了。

3. 为孩子的过分行为设定范围。

要为孩子的行为设立规范,即划出一个明确的范围,里面的是可以理解或接受的,而外面的则是不合适和不能接受的。

比如孩子受挫后打人、骂人或摔玩具,在了解这些行为背后的情绪并帮他描述感觉后,你应当使孩子明白,某些行为是不合适的,而且是不能容忍的。重要的是让孩子明白,他的感受不是问题,不良的言行才是问题的关键。所有的感受和期望都是可以被接受的,但并非所有的行为都可以被接受。

"你对亮亮拿走你的游戏机很生气,妈妈明白你的感受。但是你打他就不对了。你想,你打了他,现在他也想打你,以后你俩就不能做朋友了,对吗?"

4. 策划 。

人生的每次经验都会让我们学到一些东西,使我们更有效地创造一个成功快乐的未来。不明白这个道理的人,总是抱怨人生处处不如意。而明白这个道理的人,则不断进步、享受人生、心境开朗、自信十足。要引导孩子找出更恰当的方法来处理负面的情绪。先问孩子他想得到些什么,比如,不想让游戏机被别人拿走。然后与孩子一起讨论解决问题的方法。

名人谈教育

生活、工作、学习倘使都能自动,则教育之收效定能事半功倍。所以我们特别注意自动力之培养,使它贯注于全部的生活工作学习之中。自动是自觉的行动,而不是自发的行动。自觉的行动,需要适当的培养而后可以实现。

——陶行知

193

认同孩子的情绪感受

如果只是简单地说"我了解你的感受"，孩子并不会相信你。他们可能会说"不，你根本不了解！"但是，如果能把问题细化，比如："上学的第一天是有些紧张，那么多新东西需要去适应，"那么孩子就知道你真正理解他。

1. 父母也要"勇敢"，不要怕猜错孩子的感受。

猜错了也没有关系。孩子会很快把你纠正过来的。例如，孩子："爸爸，我们的测验推迟到下周了。"爸爸："那你就可以清闲几天了。"孩子："不，我不高兴。同样的功课还得再学一个星期。"爸爸："哦？你是希望赶快考完？"孩子："对了！"

不必要求自己每次都对他人的感受做出准确的判断。我们能做的就是尽量去理解孩子的感受。虽然不一定每次都成功，但孩子能体会到我们的努力。

2. 当孩子说"你讨厌"或者"我恨你"时，引导孩子换一种表达方式。

如果"我恨你"这样的话让你感到难过，你也应该让孩子知道你的感受。"我不喜欢我刚才听到的话，如果你对什么事情生气了，可以用另外的方式告诉我。也许我能帮你。"

3. 孩子发怒时，要教会他们采用合理的宣泄方式。

当孩子处于极度难过的时候，身体上的发泄可以帮助他缓解痛苦，比如砸枕头、摔旧纸箱、捏陶泥、大吼大叫、扔飞镖，之后，他会慢慢安静下来。还有一个方法既能让家长感觉舒服，又能让孩子满意，那就是"画出心里的感受"——给孩子纸和笔，对他说："来，告诉我你有多生气，把你的感受画出来。"最重要的是，当孩子砸东西、摔东西或者乱画时，你能在他身边，让他知道即使是最极端愤怒的感受也是被接纳和理解的。

接纳孩子的所有感受，是不是意味着他做的任何事情都是对的？这样做是不是在溺爱孩子？只有当孩子的所有行为都被许可时，才会变成溺爱。而接纳孩子的感受并不意味着允许他做你不能接受的事情。例如：当孩子用勺子在饭碗上乱敲时,你可以对他说"这样挺好玩的吧?"随后,你应当拿走勺子和碗,并告诉他:"饭碗不是用来敲的,如果你想敲,可以去敲你的小鼓和木琴。"当孩子的感受被接纳和理解了,他也就更能遵守我们为他设立的界线。

4. 没有形成共情的习惯不要紧,要勇于纠正自己。

和孩子相处的日子很多,我们总能找到机会对孩子说:"我想了想,你刚才告诉我同学在操场捉弄你的事情,是挺让人生气的。"或早或晚,我们和孩子产生共情总能被孩子体察到的。

应这样平衡孩子的情绪

当孩子的某些想法或行为是错的,家长应该怎么纠正,如何与孩子沟通呢? 第一,接纳孩子的情绪;第二,用中性的语言不加评价地描述孩子的想法、行为或要求;第三,表述家长的看法或告诉孩子他的想法、行为或要求给家长带来的困扰、感受和状态。在这个步骤,孩子可能会为家长着想,自觉让步;第四,必要的时候,提出期望。这个公式,需要大家灵活变通。比如有时候可以简化为:接纳→看法→期望。

华华在学校和老师起了冲突。父母这样说:"华华,我知道你现在心里面很难过,我知道你是个好孩子,也知道你喜欢独立思考,你一定有自己的看法对吗? 当我知道你今天和老师顶嘴时,我心里面觉得好难过,因为老师呢,站在他的立场上,是为了让你提高学习成绩,是不是? 你这样子反对他,无论是他还是我,心里面都不好受。下次再和老师交谈,我们心平气和地说好吗?"

这种先肯定再感化的方式,是一个有名人物惯用的绝招,这个人是谁? 卡耐基。人际关系第一权威的绝招。可是,卡耐基也提到了这个方法必须要注意到的问题,就是要慎用一个词,这个词就是——但是。举例,如果你说:某某,这次你的成绩进步了,我们都很高兴,但是,如果你能多加强一下代数,那就更好了。受到鼓舞的某某,在听到"但是"这个词的时候,很可能会怀疑到前面的赞美之辞,即使不怀疑,赞美的效果也大打折扣。也要注意"但是"的某些同类:就是、不过等。另外,多用疑问句和孩子沟通,让孩子的头脑自行思考、创造。

当孩子不愿意去完成他应该做的事情时,应该怎么处理呢?

1. 在轻松的气氛下,用幽默的话提示。

比如说,孩子应该洗澡了,可是他仍然迟迟不肯行动,你可以模仿机器人走路的样子和说话的声音,对他说:"先生,请您洗澡了!"这个方法能够传达愉快的情绪,调动孩子的积极性,提醒他去做应该做的事情。

2. 要让孩子看到正确做事的希望和不正确做事的严重后果。

有时候孩子不去做某件事情,是因为痛苦不够。比如我的孩子有时候喜欢躺着看电视,我觉得这样子长期下去会得近视眼,于是我就告诉他:"孩子,这样子看电视,会成为近视眼,别人都会嘲笑你的。"在道理可以说得通的情况下,我们就不用在当下找痛苦了,给孩子快乐,比如让孩子学习,可以告诉他,只有通过学习认识文字,才能更好地看漫画书。看漫画书就是一种快乐。痛苦法和快乐法,可以单独运用,也可以合并使用。

名人谈教育

教育儿童通过周围世界的美、人的关系的美而看到精神的高尚、善良和诚实,并在此基础上在自己身上确立美的品质。

——苏霍姆林斯基

关心孩子的情感需求

情感的健康与否在很大程度上决定了孩子是否有健康的性格。丰富而健康的情感是人们精神生活得以高度发展的必要条件。没有情感,就没有人类对真理的探求,家庭教育不仅是传授知识的过程,更是情感交流的过程。国内外的许多研究资料表明:孩子有很多情感需要。家长需要满足孩子的各种情感需要,才能使其人格得到健康的发展。

1. 爱与被爱的需要。

父母要经常给孩子以鼓励、赞扬的表情或亲切、温和的问候,对他提出的正当要求尽可能热情、友好地接受并帮助解决,从而让他感受到:父母喜欢我,希望我能进步。

2. 取得好成绩的需要。

不要总是打击孩子。如果孩子在日常生活中老是体验失败的感受,他就会变得灰心丧气。因此,父母一方面应注意向孩子提出的要求不宜过高,以免超出孩子的能力限度而使他受挫,另一方面,在提要求时要考虑孩子的特长,使他能够在某一方面取得进步或成绩,并享受到由此带来的乐趣。

3. 在集体中获得归属感的需要。

只有在集体中孩子才能健康成长。孩子往往很喜欢和别的小朋友一起玩或学习,在集体中得到快乐。如果长时间独处,孩子的情绪就会受到压抑,产生抑郁情绪。父母应该设法为孩子创造与同伴共同游戏、学习的机会和条件。即使他暂时不得不离开集体,父母也要设法通过捎口信等多方途径,让孩子了解到小伙伴对他的思念,从而让他时刻体验到集体的温暖。

4. 从独立自主中获得自尊的需要。

很多事情孩子能自己决定的就让他自己决定。孩子学什么、怎样学,玩什么、怎样玩等不应由父母硬性规定。父母应明智地激励孩子自己开动脑筋去想去做,并让他在自我评价中增强责任感。孩子一旦有了进步,则应及时做出肯定的评价和积极的鼓励。

5. 摆脱过失感的需要。

要给孩子改过的机会。有些孩子犯了过错或经历了几次失败,就精神不振,父母此时若再盲目指责,就更容易使其形成压抑的心态。因而,父母要心平气和地对待孩子的过失和失败,让他知道,每个人都会犯错误,只要改正了就是好孩子。

情感的建立会形成一种无声的教育动力,情感过程也是相互影响、相互作用的过程。父母心里有了孩子,孩子和父母在一起就产生了亲切感,父母尊重、理解、关心孩子,孩子就更加尊敬父母。这样不仅可以促使孩子自觉地接受父母的教诲,还可以使孩子的学习兴趣得以提高,良好的学习习惯得以养成。

同孩子处好关系的 100 妙招

科学书籍让人免于愚昧,而文艺作品则使人摆脱粗鄙;对真正的教育和对人们的幸福来说,二者同样的有益和必要。

——车尔尼雪夫斯基

第十章　应这样看待孩子的
学习和成绩

遵循孩子的大脑规律明确上学的新价值

　　在中国，似乎上学的唯一目的就是应付各种考试。为什么我们中国的学生特别会考？为什么西方人的孩子特别会思考？是什么原因导致这样两种截然不同的教育效果呢？

　　中国的家长在孩子上学前总不忘嘱咐一句："孩子，上学要听老师的话！"。当孩子放学回来之后又会问："孩子，你今天在学校学到了什么？"而西方人在孩子上学时最喜欢问的是一句话是什么呢？他们的家长一般会问："孩子，你今天到学校准备解决什么问题？"孩子放学回来后又会问："问题解决了没有？"就是这样两句不同的嘱咐和问候造就了两种截然不同的教育效果：中国家长希望孩子"听话——学到的知识越多越好——考上重点大学——成为国家栋梁之才！"而西方人家长却希望孩子"学习要有自己的计划——主动学习——直至自己解决问题。"

　　整个社会对教育的要求势必影响老师的发挥。西方学校需要真正的专业老师，随着学校层次的不断升高，要求的专业化程度越来越高——其目的是为了能解答学生的提问、帮助学生解决实际问题。

　　通过我们日常接触到的家长的关注点，显然可以得出这样的结论：中国孩子到学校的目的是为了"求学、求知"；而西方的孩子到学校的目的是为了解决自己想解决的问题！显而易见：我们中国孩子到学校的学习目的没有西方孩子明确。其次中国孩子到学校的学习活动不

同孩子处好关系的 100 妙招

如西方孩子主动；我们的孩子是在老师的讲授和提问下得到知识和学会思考；而西方人是"自己想解决什么样的问题——找什么途径怎样解决"早已经自己胸有成竹。

因此依旧不难理解，为什么中国在国际性的比赛中常常获奖，却没有世界顶级的科学家，因为西方人懂得学以致用。我们国家的教育之所以造成"高分低能"、"读书无用论"的现象，一个重要的原因就是学生盲目"求学求知"，连学习到底是为了什么都没有明确，到头来落到个一肚子的"知识"却没有半点用处的地步。

虽然个人的力量不可能彻底颠覆中国传统的教学模式，不过作为家长要做到两点：第一，你的孩子是个怎样的孩子？在哪方面最有潜力？你希望你的孩子以后长成为怎样的人……这些问题做家长的首先要明确。只有家长的明确了，才不至于让孩子上学盲目。第二，要考虑教育孩子的方法。在这方面的建议是：要充分尊重孩子自己的选择，帮助制订每天的学习计划，千万不要什么事情都由做家长的包办代替；给予适当的监督，帮助孩子完成自己的学习计划。

名人谈教育

真正的教育者不仅传授真理，而且向自己的学生传授对待真理的态度，激发他们从美好事物中受到鼓舞并产生钦佩的情感，对邪恶事物保持不可容忍的态度。

——苏霍姆林斯基

不要以分数高低论英雄

有的家长就像领导一样，每次考试都会给孩子布置"任务"：要求达到95分、98分以上，甚至要求达到满分，达到了指标就表扬、奖励，否则，就批评、训斥。可是，却很少有人注意孩子是否对学习感兴趣。片面追求分数的高低，从而忽视了学习兴趣等非智力因素的培养。这种做法的实质，是置孩子的主体性于不顾，把孩子当成知识的容器机械的灌输。结果就是，孩子缺乏主动性和创造性，情绪低落，自学能力弱，应变能力差，最终往往不可避免地成为学习、工作和生活中的弱者。

要求孩子取得好成绩，这本身没错，可是不能片面的追求。是否能真正提高学习成绩，关键还在于学生有没有学习积极性、主动性。某次考试的好成绩只是一种偶然现象，强烈的学习兴趣才能使孩子处于不断进步的状态，甚至永远立于不败之地。因此，家长不能只是单纯地关注学生的考试分数是否达到多少分以上，而应该关注孩子是否具有强烈的学习兴趣和养成良好的学习习惯，从发展的角度来看，这些远比考试成绩重要。

分数如果不是知识的证明而成了枷锁，就无法让孩子感受到求知的乐趣。在学校里，考试是教学工作过程不可缺少的重要环节，习惯通过书面方式检查学生所学知识的掌握程度。程度如何，好像都表现在考试分数上。分数的高低，无论对学生、家长、教师都被认为是至关重要的。尤其是学生，他们不得不接受"分数就是命根子"这一不能回避的现实。

按分数成绩评定人的做法，不断给学生带来竞争的压力，使不少学生陷于焦虑之中，也使不少学生和家长只关注考多少分，却忽视了查找学习中存在的问题。用分数的高低来衡量学生智力的强弱，断定知识掌握的程度，最终划分优劣。这种做法似乎很正常，但实际上却是极为片面的。

不要凭成绩单方面评价孩子，而要发现和发展孩子多方面的潜能，了解学生发展的需求，帮助孩子认识自我，建立自信。发挥考试的教育功能，促进孩子在原有水平上发展。真真正正掌握的知识与考试分数绝不可以划上等号。因为考试分数的高低，与平时的授课、试前的复习、身体状况、教师的评分等因素是密不可分的。

名人谈教育 📖

成功的科学家往往是兴趣广泛的人。他们的独创精神可能来自他们的博学。多样化会使人观点新鲜，而过于长时间钻研一个狭窄的领域，则易使人愚蠢。

——贝弗里奇

201

爱孩子是无条件的

成就来源于自信,对自我价值的认知。自我价值,是一个人认为自己有价值的程度,或者说,是一个人喜欢自己的程度。一个人认为自己是有价值的,他就会喜欢自己,尊重自己,从而对自己的行为负责,于是产生努力上进的想法和动力。而一个人缺乏自我价值感时,就会认为自己的生命无意义,会厌倦生活,会瞧不起自己,导致破罐子破摔不负责的行为。

虽然每个父母都爱自己的孩子,但由于爱的方式不同,给孩子心灵的影响也截然不同。父母正确的爱,是催人向上的无比强大的力量,而父母错误的爱可能导致孩子畏缩不前不思进取。因此,作为家长,必须学会用正确的方法爱孩子。

1. 在适当的时候学会放手。

孩子小的时候,家长以为他什么都不懂,往往过分地溺爱,有求必应,尤其是怕孩子受伤害,不让孩子帮大人干家务活,更不让孩子参加有危险的游戏和活动。家长的这种做法,使孩子幼小的心灵认为自己很无能感觉自己不如大人,从而使自我价值感降低。

2. 不因为孩子的"不好"而厌弃他。

孩子长大了,家长就开始了各种各样的"要求"。特别是孩子上学后,很多家长对孩子的爱变成了有条件的爱。孩子的行为符合家长的心意或考试成绩好,家长便欢天喜地,又买东西又奖赏。若孩子的行为不符合家长的心意或考试成绩不好,家长轻则训斥一顿,重则连骂带打。这种做法使得孩子幼小心灵产生这样的观念:他只有做了让爸妈高兴的事,爸妈才爱他,他会感觉被父母支配,从而产生取悦父母的想法。一个人产生了取悦别人以换取自己所需的东西这样的想法,就在他心中培养起了奴性。这是不可能培养起孩子的自尊心和自我价值感的。

3. 让孩子感受到来自父母无条件的爱。

对孩子加强教育并不意味着跟孩子讲条件:你做不到我就讨厌你,不再爱你了。家长爱自己的孩子,是无条件的,你爱他只因为他是你的孩子。

也就是说,不论孩子的行为是否令你满意,无论孩子考试成绩好坏,都不影响你对他的爱。这样,孩子会感觉到自己被父母爱着,觉得自己是有价值的,值得别人爱的。他不用担心因自己的失败而承受父母的白眼,他会感到自己有一个大后方,这样孩子向人生挑战的勇气才会大增。

名人谈教育

书读得越多而不加思索,你就会觉得你知道得很多;而当你读书而思考得越多的时候,你就会越清楚地看到,你知道得还很少。

——伏尔泰

分数可以成为孩子的隐私

这话要分两面来说,一方面,是出于保护孩子自尊心的需要,也是完善素质教育的方式。不看重分数不意味着提倡孩子交白卷,而是强调学习态度和能力。比如深圳高级中学就从来不公布分数,考完后给每个学生一个成绩单,并且划一个曲线标明你在班里的位置。每个人都知道自己的名次,可不知道别人的,公开不公开是你自己的权利。如果你和父母关系很好,回家说:"老爸! 我考了 85 分。"愿不愿意公开这个秘密是孩子的权利。

可以不对孩子的分数刨根问底,但不能对孩子的学业不闻不问。如果孩子考得好,讲讲他好在什么地方,突出表扬他的学习态度和方法,这是基本的。如果孩子没考好,分析他为什么失误。重点应放在方式方法上,而不是只盯住这次考 50 分下次应该考 100 分。

比起批评,赏识和鼓励对考得不好的学生更有效。有个校长回忆她小时候的一次考试。那一次她没考好,发成绩时她的心怦怦跳,不知道教师会给个什么分数。试卷打开后,发现在填分的地方,教师只写了个"哎呀!"在下一次考试中,她得了满分,而"哎呀!"成了她心底永远的珍藏。

当然,父母也要尽到监护人的责任。家长有了解孩子学习状况的权利,教师有责任和家长分析孩子的状况,哪科强,哪科弱。而涉及一个学生

的具体学习状况时,是不适合在班上公开的,应个别谈。这也是国际上的一贯做法。教育部已有官员提出:要通过考试的改革来推进素质教育。这是最基本的变化,如果没有这一变化,"分数隐私"只能是空中楼阁。

提倡分数可以成为隐私,宗旨是要尊重孩子。只要你尊重孩子,孩子就会感到很宽松,就愿意把分数告诉你。最重要的是,为人父母者,要始终牢记"天生我材必有用",不要把孩子绑死在分数上。

我的孩子从来没让我因为分数惊喜过。他上初中了,我最怕学校期末张榜公布学生分数、排名次的那些日子,对我和孩子都是一种煎熬。虽然我自己大学毕业,我知道并不是每个孩子都是学习的料,我的孩子就不是,我早就接受了这个现实。但学习不行并不意味着一切都不行,我的孩子动手能力相当强,很努力,人也善良,我想这就可以他的立身之本。可惜我们不能游离于整个教育体制之外,只能定时地去接受一些忠告、批评,有时甚至是对尊严的伤害。每当这时候,我只想着一件事:尽力保护孩子的自尊,让他心理的阴影少一点,再少一点。

名人谈教育

道德普遍地被认为是人类的最高目的,因此也是教育的最高目的。
——赫尔巴特

人有差异,世界才更精彩

差异性存在于世间万物,也存在于孩子们身上。同一种教育标准并不适用于所有的孩子,这也是我们当前教育中普遍存在的问题,因材施教才能激发孩子的无限潜能,并将孩子引导到正确的方向上发展。爱因斯坦说:"一个人是否能成为人才,不是以他拥有多少知识和智力决定,而是以他发挥多少自己的智力及才能而定。"

有一个故事就能说明这个道理:一个记者到一位著名的科学家家里做

采访，科学家住在乡下，屋后有一片很大的菜地，远远就能看见科学家的母亲坐在门前拣土豆，记者很兴奋地跑过去对老母亲说："你真了不起，教育出那么优秀的儿子，他的发明造福了多人！你很以他为傲吧？"老母亲笑着说："谢谢你的赞扬，其实我还有一个儿子，他正在菜园里耕作，他种出的土豆非常好吃，他也是我的骄傲！"

要发现、发展孩子的优点，而不是把眼光集中于孩子的弱点。每一项才能都有发展的关键期，抓住关键期，教育不仅事半功倍，而且是科学的，但遗憾的是目前很多家长不知道孩子成长关键期的概念，更谈不上如何发展，因此很多孩子的优势才能，也就是天赋没有得到及时开发，有些智能错过关键期将永远失去，如音乐才能，这些都是孩子有可能成为人才的地方。童年只有一次，童年的时间是有限的，如果因为报了各种不适合孩子发展的班而浪费大量时间，那将对孩子造成巨大的损失，因为童年是最好的学习时间段之一，利用好了将为未来发展奠定坚实的基础。

没有不可用之物，只有不能物尽其用的。放对位置，每个人都是天才。人类天生就有非常大的潜在能力，个个都是天才，只是我们一直没有发现，而都仅仅使用了不到10%的潜能而已，另外90%的潜在能力就需要靠后天的栽培与灌溉。现在的学校和家长总是用传统的教育眼光看待孩子，不能看到孩子的优势和特点，并给予科学教育，如果引入多元智能教育理念，运用奇德儿的大脑多元潜能测评系统，测一下孩子的潜能结构组合，了解孩子，找到孩子的才智并正确引导孩子，选择适合孩子发展的环境、方法，因材施教，可以使孩子真正寻找到自己的发展之路，可以更好地发挥、施展潜力，获得意想不到的效果。

名人谈教育

既然习惯是人生的主宰，人们就应当努力求得好的习惯。习惯如果是在幼年就养成的，那就是最完美的习惯，这是一定的，这个我们叫做教育。教育其实是一种从早年就养成的习惯。

——培根

205

根据孩子的具体情况做具体分析

就像有的木材适合做根雕，有的木材适合做桌椅，孩子究竟该怎样教育，是因人而异的。父母不妨先把他们归归类，把握住他们的特点，进行有的放矢的教育，这样才能将劲儿用在刀刃上，在培养孩子成才的路上取得事半功倍的效果。

1. 心灵手巧的孩子需要多点拨。

这种孩子通常有一定的艺术细胞。在悟性上、接收、吸纳和运用知识的能力上，对生活学习的积极态度上，有着某种天赋。他们无需人管，自生自长也能成才。如果父母知识水准较高，花点工夫指导鼓励他们，形成良好的学习习惯、积极的生活态度，多对他们加以引导、进行交流，那他们将如虎添翼，鹏程万里。

2."本身有油，不挤不出油"的孩子需要监督。

这种孩子大多兴趣广泛，可是三天打渔两天晒网。属孩子群中覆盖面最广、可塑性最大的一类。他们中有的智商尚可，但进取心较差，做事没有恒心。对这样的孩子，家长的教育督促，是决定他们能否健康成长的一个非常关键的因素。如果家长不能及早发现他们这些弱点，听之任之，或管教不得要领，他们将随着自己的性格、习惯而滑下去，变得一事无成。

一旦他们能接受家长的监督方式，最终认清并克服这些阻碍自己成长的毛病，其中那些智商较高者，将毫不逊色地跃入第一类孩子之中；智能亦能达到自己本应达到的接近优等的水平；即使智商一般者，养成了良好的学习习惯后，也将获得与自身智力相适应、甚至超出一般截的成绩。这就是我们通常所说的"勤能补拙"、"笨鸟先飞"。可见，对第二类孩子来说，父母在他们成长过程中扮演的角色极其重要。

3. 对擅钻研的孩子要培养其专长。

这类孩子通常比较沉默，大体上就是人们常说的不爱读书的那一类。这类孩子，读书不行，但其中一些人，对掌握技术性的东西有着某种特殊的禀性。对这类孩子，父母在学习上再怎样对他们施压，效果可能也不理想。

不如顺其自然,发展他的长项。

生产劳动和教育的早期结合是改造现代社会的最强有力的手段之一。

——马克思

多方面赞美激发孩子的自信心

家长对孩子的赞美,也体现了和孩子之间人格尊严上的平等。家长应看到人性的美好,看到每个孩子都有追求进步、积极向上的倾向,都有聪明、好学、向善的一面。同时,必须以平常心去看待他们的每一个长处,肯定他们的每一次进步,自然而然就会发现他们的闪光点,欣赏他们的价值,从而树立起学生的自信心和自豪感。而面对孩子的失败和错误,不能采取责骂、惩罚的态度,而要能以一种广阔的胸襟给予谅解宽容和鼓励,并为他们指出一条解决问题、改正错误的途径。

1. 特长也是值得赞美之处。

为人父母者要有发现的眼睛,要善于捕捉孩子的闪光点,及时赞美,树立他们的信心,从而发挥其内在的潜能。

我的孩子脑子不笨,就是学习习惯差,不爱做作业,特别不喜欢语文,但是很喜欢数学,学校里要订书,数学方面的他肯定要订,而且上次学校推出一种数学棋的游戏,他非常感兴趣,尽管没参加培训,但他还是买了那种棋,并且没多长时间就学会了。

2. 关注孩子的每一点进步,及时给予赞美。

不必等孩子做出什么惊天动地的好事情再赞美。比如孩子今天书包整理得很好,卧室打扫得非常干净,能帮朋友解决困难……都要立即表扬,肯定他们的进步。这样会让孩子们认为家长时时刻刻都在关注着他。如果孩子认识到只有他表现得很好,才能得到家长对他的赞美时,他们就会

尽量表现得更好，以得到赞美。

3. 时刻记得适度赞美。

赞美也要持之以恒。因为赞美是春风，它使人温馨和感激。请不要小看赞美，因为赞美是火种，它可以点燃心中的憧憬与希望。作为孩子最亲的人，如能时时以饱满的精神、欣赏的眼光、鼓励的话语对待孩子，必能起到"随风潜入夜，润物细无声"的作用。

名人谈教育 📖

人心可分为二，一部较善，一部较恶。善多而能制止恶，斯即足以云自主，而为所誉美；设受不良之教育，或经恶人之熏染，致恶这一部较大，而善这一部日益侵削，斯为己之奴隶，而众皆唾弃其人矣。

——柏拉图